Die Hinweise, Empfehlungen und Übungsvorschläge in diesem Buch basieren auf langjähriger Praxiserfahrung und intensiver Recherche. Dennoch übernimmt weder der Autor noch der Verlag die Verantwortung oder Haftung für deine Handlungen und deren Folgen. Generell ist es in der Persönlichkeitsentwicklung immer ratsam, zusätzlich mit einem professionellen Coach zu arbeiten.

Bibliografische Information der Deutschen Nationalbibliothek
Die Deutsche Nationalbibliothek verzeichnet diese Publikation in der Deutschen Nationalbibliografie; detaillierte bibliografische Informationen sind im Internet unter http://dnb.d-nb.de abrufbar.
ISBN 978-3-86936-723-1
Fotos: Torsten Kollmer, S.O. Medien GmbH | www.so-medien.de (Seiten 13, 18/19, 24/25, 28/29, 54/55, 58/59, 64/65, 72/73, 82/83, 86/87, 98/99, 124/125, 142/143, 148/149, 155, 161, 164/165, 178, 187, 204/205, 218/219), Christo Foerster (1, 49, 53, 130/131, 184/185), IVASHstudio für Shutterstock (32/33), Mooshny für Shutterstock (76), Mikhail Kolesnikov für Shutterstock (145), Icebreaker (42/43), privat (70, 71, 88, 223), Bear Grylls (80), Everett Collection bei Actionpress (92), Rex für Actionpress (199), The North Face (200), CUL-DAR121. Reproduced by kind permission of the Syndics of Cambridge University Library, Cambridge University Library (20/21)
Gestaltung: Claudia Dainat, *MACH!*WERK HAMBURG | www.machwerk-hamburg.de
Satz und Layout: *MACH!*WERK HAMBURG
Lektorat: Anna Ueltgesforth
Druck und Bindung: Salzland Druck, Staßfurt
Copyright © 2016 GABAL Verlag GmbH, Offenbach
Alle Rechte vorbehalten. Vervielfältigung, auch auszugsweise, nur mit schriftlicher Genehmigung des Verlages.

www.gabal-verlag.de
www.facebook.com/Gabalbuecher
www.twitter.com/gabalbuecher

CHRISTO FOERSTER

DEIN BESTES ICH

INSPIRATIONEN FÜR EIN KRAFTVOLLES LEBEN

GABAL

Was vor uns liegt und
was hinter uns liegt,
ist nichts im Vergleich
zu dem, was in uns liegt.
Und wenn wir das, was
in uns liegt, in die Welt
tragen, geschehen Wunder.

HENRY DAVID THOREAU

»INHALT«

1 » DAS BESTE «

Die Sache mit den Zielen
Mach es wie Mutti
Die Kraft des Abenteuers
Das Mögliche ändern
Gut ist, was funktioniert
German Angst
Von klein zu groß
Und noch?
Das erste Manifest

2 » MEHR ICH «

Der Egoist in uns
Endlich Verantwortung
Selbst bestimmen
Wider die Regeln
Ganz allein
Das zweite Manifest

3 » DEINE FEUER «

Weniger für mehr
Das bequeme Loch
Wofür brennst du?
Was du nicht im Kopf hast
Eins aus drei
Außergewöhnlich
Das dritte Manifest

4 » STATUS QUO «

Hand aufs Herz
Das Tages-Soll
Am Mischpult
Gut gelaufen
Gehen oder bleiben?

5 » DEIN WEG «

Vom Wollen zum Machen
Motive zu Zielen
Dies oder das?
Was jetzt zählt
Stimmungskanonen
Das Geheimnis des Kontrasts
Wenn, dann
In deinem Element
In echt nach vorne
Raus aus der Mühle
Im Fluss
Sieh es doch mal so
Die Kraft aus deinem Körper
Das vierte Manifest

6 » NÜTZLICH SEIN «

- Macher statt Superheld
- Moral vs. Wirtschaft
- Andere groß machen
- Das fünfte Manifest

7 » AUF KURS «

- Was folgt?
- Sei kein Frosch
- Charakterschmiede
- Aufstehen und tanzen
- Alarmsignale
- Das sechste Manifest

8 » AGENDA «

- Epilog
- Danke
- Literatur
- Register
- Über den Autor
- Notizen

EINLEITUNG

 Es ist früh am Abend, als ich zum Telefon greife, um Anja und die Kinder anzurufen. So genau weiß ich das aber nicht. Ich habe schon die vergangenen beiden Nächte im Büro verbracht und ein wenig das Gefühl für die Tageszeit verloren. Ich werde auch heute nicht nach Hause kommen und die Kleinen ins Bett bringen können. Meine Tochter weint am anderen Ende der Leitung. „Papa, komm bitte." Ich sage ihr, wie unendlich lieb ich sie habe, und lege auf.

Verdammt. Ich gebe doch mein Bestes, um alles unter einen Hut zu kriegen – die Aufgaben als Chefredakteur einer monatlich erscheinenden Fitness- und Lifestyle-Zeitschrift, die ich redaktionell fast im Alleingang produziere und die nun mal zu einem festgesetzten Termin fertig werden muss, den Job als Speaker und Trainer, die Familie, Freunde, Sport. Aber mein Bestes scheint nicht gut genug zu sein.

Ich denke viel nach an diesem Abend, während ich auf Autopilot die Dinge erledige, die ich im Büro zu erledigen habe. Und irgendwann wird mir klar:

> **Du reißt dir zwar den Hintern auf, aber du machst dir was vor. Du gibst überhaupt nicht dein Bestes.**

Ja, es ist aufregend, manchmal sogar berauschend, festzustellen, was ich zu leisten imstande bin. Welches Pensum ich schaffe. Wie viele Bälle ich gleichzeitig in der Luft halten kann. Ich glaube auch, dass es sehr wichtig ist, die eigenen Belastungsgrenzen zu erkunden. Zu erkennen: Hey, ich packe ja Dinge, die ich gar nicht für möglich gehalten hatte. Aber ist das wirklich das Beste, was ich zu geben habe?

Ich beschäftige mich seit über zehn Jahren intensiv mit den Themen Motivation, Leistungsvermögen, Gesundheit und innerer Balance – und ich kriege viel von dem, was ich dabei zu vermitteln versuche, selbst gut umgesetzt, sogar in Zeiten, in denen ich viel um die Ohren habe. Aber diese Frage, ob ich wirklich mein Bestes gebe, die eröffnet bei genauer Betrachtung eine ganz besondere, eine neue Ebene.

Für mich persönlich, aber auch für alle, die irgendwie mehr wollen, als sie bislang geben. Die Frage nach dem besten Ich ist heute unglaublich relevant. Weil sie weit über die Frage nach Belastbarkeit und Leistungsvermögen hinausgeht. Und weil die Antworten ganz schön wehtun können.

> **Mehr zu wollen, bedeutet ja nicht automatisch, in der gleichen Zeit noch mehr zu erledigen oder sich nach höherer Arbeitslast zu sehnen.**

Wer mehr will, der hat ganz nüchtern betrachtet ein Interesse daran, seinen persönlichen Ist-Zustand zu verändern, der spürt, dass da noch was geht, dass Fähigkeiten, Talente, Leidenschaften, ja Potenzial in ihm schlummert, das er nicht nutzt.

Was ist dein bestes Ich? Und vor allem: Wie kommst du hin? Kannst du es überhaupt erreichen? Ich habe diese Fragen nicht nur mir, sondern auch vielen anderen Menschen gestellt. Einige von ihnen kommen in diesem Buch zu Wort. Die meisten sind Abenteurer oder Sportler. Das liegt zum einen daran, dass ich mich als Journalist jahrelang mit dieser Themenwelt auseinandergesetzt habe, zum anderen und vor allem aber liegt es daran, dass gerade diese Menschen oft hervorragende Vorbilder sind. Sie gehen ihrer Leidenschaft nach, beschäftigen sich sehr intensiv mit sich selbst und ihrem ureigenen Potenzial – und sie sind Macher.

Du wirst in diesem Buch auch die spannendsten Erkenntnisse der Motivationspsychologie finden sowie Checklisten, Fragebögen und Zitate. Aber: Kein Buch, kein Ratgeber der Welt wird dir eine Gebrauchsanweisung für dein Leben liefern können. Weil es DEIN Leben ist. Glücklicherweise sind wir Menschen ja keine Maschinen, in die du oben eine Münze reinwirfst und genau weißt, was unten rauskommt. Nein, wir sind unendlich unterschiedlich und verhalten uns oft völlig unvorhersebar.

EINLEITUNG

Deshalb ist dieses Buch mehr ein großes Buch der Inspiration als ein Ratgeber. Ein wertvoller Partner, der dir neue Erkenntnisse und Perspektiven eröffnet und dich dazu ermutigt, Dinge zu verändern. Du kannst es blind aufschlagen und wirst auf jeder Seite Inspiration finden. Seine ganze Kraft entfaltet dieses Buch aber erst, wenn du es systematisch durcharbeitest.

Dieses Buch macht keine wilden Versprechungen, indem es mit „der ultimativen Formel" wedelt. Es lenkt deinen Fokus auf die Dinge, die wirklich wichtig sind, wenn du zu deinem besten Ich gelangen willst. Es ist ein Buch zum Machen. Einfach nur positiv zu denken, wie es so oft propagiert wird, reicht nicht. Denken tun wir schon genug.

Ich verspreche dir: Es ist ein großartiges Gefühl, zu spüren, wie das eigene Handeln Wirkung entfaltet. Auch wenn es nicht immer einfach ist. Das soll es ja gar nicht sein! Das Leben ist so faszinierend, weil es immer wieder Höhen und Tiefen bereithält. Egal, wohin das Pendel gerade ausschlägt, wir haben immer die Chance zu wachsen. „Wünsche dir nicht, dass es einfacher wäre. Wünsche dir, dass du besser darin wirst", hat der legendäre Motivationstrainer Jim Rohn einmal gesagt.

Entdecke, was du draufhast, wenn du authentisch und selbstbestimmt handelst. Dann wird dein Leben eine ganz neue Qualität bekommen.

Mich hat die Suche nach meinem besten Ich zuerst für drei Monate nach Neuseeland und dann in eine lang ersehnte berufliche Freiheit geführt. Ich wünsche dir von Herzen, dass es auch dir gelingt, den passenden Weg zu finden. Der Zeitpunkt ist nie perfekt. Fang einfach an. Und dann mach weiter.

Christo Foerster

KAPITEL 1

»DAS BESTE

Die Sache mit den Zielen

Mach es wie Mutti

Die Kraft des Abenteuers

Das Mögliche ändern

Gut ist, was funktioniert

German Angst

Von klein zu groß

Und noch?

Das erste Manifest

KAPITEL 1

Die Sache mit den Zielen

Wir wollen so viel und schaffen so wenig. Das ist eines der paradoxesten Phänomene unserer Zeit. Motiviert sind wir, auf vielen Ebenen, keine Frage, aber wir kriegen diese Motivation im Alltag nicht richtig umgesetzt. Es ist sicher kein Zufall, dass wir gleichzeitig zwar immer mehr wissen, aber trotzdem nicht glücklicher werden (wie es Umfragen immer wieder bestätigen).
Wissen und technologischer Fortschritt scheinen neben den vielen Annehmlichkeiten, die sie ja durchaus mit sich bringen, tatsächlich eine Art Umsetzungshemmer zu sein. Oder besser: Wir lassen uns von ihnen hemmen – in der Regel, ohne dass wir es überhaupt merken. Nur: Das darf keine Entschuldigung sein!

Entschuldigungen zu suchen, ist billig. Wenn du dich wirklich weiterentwickeln willst, brauchst du einen wertvolleren Ansatz.

Der Grund, warum wir so selten tun, was wir uns wünschen, ist nicht der Wahnsinn der Welt, die fehlende Zeit, der steigende Stress oder die große Verantwortung gegenüber anderen. Entscheidend ist, dass wir die Sache mit den Zielen komplett falsch angehen.
In den meisten Fällen sind es nämlich nicht unsere eigenen Ziele, die wir uns auf die Fahnen schreiben, und wenn doch, dann stehen sie oft unseren unbewussten Bedürfnissen entgegen. Die Folge: Wir finden ums Verrecken keinen Zugang zu unserem authentischen Selbst. Genau dort liegt aber unser volles Kraftpotenzial – unser bestes Ich.
In meinem Buch *Neo Nature* fordere ich, die Motivation über Ziele, wie wir sie über Jahre gelernt haben und wie sie auch heute noch ständig propagiert wird, komplett aufzugeben. Ich ermuntere dazu, mehr im Moment als in einer zielfixierten Zukunft zu leben. Ich tue das nicht, weil Ziele per se Quatsch sind, sondern weil manchmal nur ein radikaler Schnitt hilft, um ein neues Bewusstsein zu schaffen. Das brauchen wir nämlich, wenn wir wirklich etwas anders machen wollen.

»DAS BESTE«

In Wahrheit ist es so, dass Ziele in der Motivationspsychologie sehr wohl eine zentrale Rolle spielen. Sie werden dort allerdings auch sehr differenziert betrachtet. Mach dir mal den Spaß und blättere in einem Lehrbuch zur Motivationspsychologie – da verstehst du keinen Satz beim ersten Lesen, und das ist nicht übertrieben. Das Thema Ziele ist sehr komplex. Auch dann noch, wenn du all die schwindeligen Fachfremdwörter in echte Sprache übersetzt. Unser Alltagsumgang mit Zielen ist dagegen plump, kurzsichtig und hilflos.
Es ist unser alles andere als zielführendes Verständnis von Zielen (das wir in den Kapiteln „Mehr Ich" und „Deine Feuer" noch detaillierter auseinandernehmen), welches dazu führt, dass wir nicht machen.

Und wer nicht macht, der verliert.

Macher zu sein, bedeutet nicht automatisch, Millionen zu machen. Ich weiß, so richtig reich zu sein ist eine charmante Vorstellung. Aber auch wenn es abgedroschen klingt: Millionen machen nicht zufrieden. Ich habe mit genügend Menschen gearbeitet, die zwar ein rappelvolles Bankkonto haben, aber völlig ratlos vor den simpelsten Herausforderungen des Alltags stehen. Ehrlich.

Geld verdienen zu wollen, ist aber auch nichts Böses. Es ist mehr als in Ordnung, viel Geld zu verdienen. Die interessanten Fragen dabei sind: Was ermöglicht dieses Geld? Und was tun wir, damit es zu uns kommt? Macher zu sein, bedeutet auch nicht, alles richtig zu machen. Macher zu sein, bedeutet, auszuprobieren und zu wirken.

Dein bestes Ich ist nicht dein perfektes Ich.
Dein bestes Ich macht das, was es kann,
mit dem, was es hat, dort, wo es ist.

KAPITEL 1

» DEIN WEG «

*Du kannst einen See nicht dadurch
überqueren, dass du nur dastehst
und auf das Wasser schaust.*

RABINDRANATH TAGORE

KAPITEL 1

Mach es wie Mutti

„Mach das Beste draus" – das klingt nicht sonderlich ambitioniert. Aber in einer Zeit, in der wir mehr wünschen als machen, ist es sehr hilfreich. Mehr als das Beste aus einer Situation zu machen, das geht ja gar nicht. Warum sollte es also nicht ambitioniert genug sein? Vielleicht ist es sogar der Sinn des Lebens: Das Beste draus machen. Nicht mehr, nicht weniger. In jedem Fall aber ist es das Grundprinzip der Evolution. Mutter Natur blickt nie in die Zukunft, sondern immer nur darauf, wie sie die momentanen Möglichkeiten nutzt, um zu wirken. Und daran wächst sie. Langsam, aber sicher.

Die Vorstellung davon, dass sich im Laufe der Evolution der Stärkere durchsetzt, ist nicht mehr als ein (für unser Verständnis vom Leben folgenschwerer) Übersetzungsfehler. Charles Darwins Prinzip vom „Survival of the fittest" besagt lediglich, dass die Spezies überlebt, die es am besten vermag, sich anzupassen. „To fit", auf deutsch „passen". Mit dem Begriff Fitness, wie wir ihn heute verwenden, hat das, wenn überhaupt, dann nur indirekt und unter bestimmten Bedingungen zu tun.

> „Die Natur schafft immer von dem, was möglich ist, das Beste." Der griechische Philosoph Aristoteles erkannte das schon vor 2000 Jahren.

Dein größtes Ziel sollte es also sein, zu machen und dadurch – und sei es in noch so kleinem Rahmen – nach und nach Veränderung zu bewirken.

Das Streben nach Wirksamkeit gehört zu unserer biologischen Grundausstattung. Auch bei anderen Säugetierarten ist es zu beobachten. Es ist Teil unserer Identität, ein Urbedürfnis. Es hilft, unsere Kompetenz nachhaltig zu erhöhen und uns weiterzuentwickeln.

»DAS BESTE«

1. Geospiza magnirostris.
2. Geospiza fortis.
3. Geospiza parvula.
4. Certhidea olivacea.

Erst Medizin studiert, abgebrochen, dann mit Theologie weitergemacht, um schließlich doch der Leidenschaft zu folgen und Naturforscher zu werden. Das war vor 200 Jahren noch außergewöhnlicher als heute. Gutes Vorbild, dieser Darwin!

Charles Darwin entdeckte als junger Mann während einer fünfjährigen Reise mit dem Vermessungsschiff H.M.S. Beagle auf den Galapagos-Inseln die „Darwinfinken" (siehe oben). An ihnen illustrierte er den natürlichen Selektionsprozess. Links siehst du Darwins erste Skizze zum „Stammbaum des Lebens".

KAPITEL 1

Die Kraft des Abenteuers

Je neugieriger und entdeckungslustiger du bist, desto mehr Gelegenheiten, deine Wirksamkeit zu testen und zu erweitern, ergeben sich. Denn wenn es keine neuen Reize bekommt, erschöpft sich auch das urigste Wirksamkeitsstreben schnell in Monotonie. Kleine Kinder sind genau aus diesem Grund so neugierig und entdeckungslustig: Sie wollen die am Anfang des Lebenszyklus noch sehr geringe eigene Wirksamkeit erweitern – sie müssen das sogar.

Warum kommen wir diesem so hilfreichen angeborenen Bedürfnis nur noch so selten nach? Wenn wir als Erwachsene nicht wirken, obwohl wir eigentlich alle Voraussetzungen dafür haben, dann bleiben wir nicht nur stehen, sondern fallen oft sogar in den frühkindlichen Status der Hilflosigkeit zurück.

Erobere dir die Neugier zurück!

Machen ist aufregend. Machen ist Abenteuer. Ich habe an einer Mauerwand mal den schönen Spruch gelesen: „Sei Pippi, nicht Annika." Dir die Welt widdewidde wie sie dir gefällt zu machen, ist in der Tat erstrebenswerter als der ewig misstrauische Angsthase zu sein, der ständig einen Antreiber braucht, um über den eigenen Tellerrand zu gucken.

Die wichtigsten Kriterien eines Abenteuers sind: Du verlässt dein gewohntes Umfeld und der Ausgang ist ungewiss. Es gibt Menschen, die schreien da lauthals juhu, andere bleiben wenn möglich einfach lieber dort, wo sie sich auskennen und sicher fühlen. Zu welchem Lager gehörst du?

Es muss nicht immer das ganz große Abenteuer sein. Mit Abenteuern verhält es sich wie mit Träumen:

Wenn du nur die großen mitnehmen willst, kann es sein, dass du ewig wartest.

»DAS BESTE«

Der Brite Alastair Humphreys wurde 2012 von der Zeitschrift *National Geographic* zum Abenteurer des Jahres ausgezeichnet. Humphreys fuhr zwar unter anderem auch vier Jahre lang mit dem Fahrrad um die Welt, hat mittlerweile allerdings einen neuen Abenteuerbegriff geprägt, und zwar den des Mikroabenteuers: Zelt einpacken, Rucksack auf, von der Haustür aus los und erst am nächsten Morgen wiederkommen, vielleicht sogar direkt ins Büro. Mit Rucksack. Warum denn eigentlich nicht? Oder mal wieder eine Nacht mit Freunden am Strand verbringen. In den nächsten Fluss springen. Einen Kompass greifen und (auf dem Land oder im Wald) einfach immer geradeaus laufen.

Abenteuer liegen überall herum, wir müssen sie nur aufheben.

So neu ist die Idee des Mikroabenteuers natürlich nicht. Aber sie wirkt deshalb so spannend und relevant, weil das Leben der meisten Menschen heute abenteuerleer ist – und wir uns nach Abenteuer sehnen. Kennst du die berühmte Rede, die Charlie Chaplin in dem Film *Der große Diktator* zum großen Finale des Plots vor Tausenden Fanatikern hält? Wenn nicht, dann solltest du sie dir noch heute auf *Youtube* anschauen (Stichwort: the great dictator speech). Auf seine unnachahmlich tragikomische Art und Weise appelliert Chaplin darin an die Menschlichkeit und das Miteinander. Ich mag an dieser Rede neben dem Satz „Wir denken zu viel und fühlen zu wenig" besonders folgenden: „Ihr habt die Macht, dieses Leben frei, wunderbar und zu einem einzigartigen Abenteuer zu machen." Auch dieser Film ist alt, 86 Jahre alt, und doch so aktuell. Sorge dafür, dass das Abenteuer endlich (wieder) beginnt.

Was waren deine Lieblingsabenteuer als Kind? Wiederhole sie, interpretiere sie neu, kehre zurück in den Entdeckermodus!

KAPITEL 1

Sei Pippi, nicht Annika.
STREETART AUS HAMBURG

»DAS BESTE«

KAPITEL 1

Das Mögliche ändern

Ich habe bereits die Vermutung angestellt, dass der Sinn des Lebens sein könnte, das Beste draus zu machen. Könnte, wohlgemerkt. Denn auch für diese große Frage ist die eigene Wirksamkeit von hoher Relevanz: Du kannst darauf warten, dass dir jemand den Sinn des Lebens nennt (und versuchen, diesen Sinn zu deinem eigenen zu machen), oder du kannst dir selbst einen Sinn erschaffen. Im letzten Fall wirst du vermutlich kraftvoller, weil selbstbestimmter durchs Leben gehen.

Ist es wirklich so einfach? Können wir uns die Welt – ganz wie Pippi Langstrumpf – machen, wie sie uns gefällt? Ich bin kein Freund der Alles-ist-möglich-Motivation. Ich glaube sogar, dass sie gefährlich ist. „Wo ein Wille ist, da ist auch ein Weg." „Wenn du es dir erträumen kannst, dann kannst du es auch erreichen." „Gib nie, nie, nie auf." Viel zu viele Menschen werden von solchen gut gemeinten, aber meist in falschem Kontext und unreflektiert gebrauchten Sprüchen enorm unter Druck gesetzt und überfordert. Zum Teil so sehr, dass es sie nicht nur unzufrieden mit sich selbst, sondern auch krank macht.

Es gibt Faktoren, zum Beispiel biologische, die gewisse Dinge ausschließen. Mit 38 Jahren werde ich nicht mehr der beste Fußballer der Welt, selbst wenn ich es noch so sehr will. Deshalb wäre es unzweckmäßig, Energie in diesen Wunsch zu stecken. Wer genetisch bedingt eine breite Hüfte hat, aber krampfhaft versucht, seinen Körper auf Modelmaße zu trimmen, entfernt sich eher von seinem besten Ich, als dass er sich ihm nähert. Trotzdem (und um gleich den Ausreden vorzubeugen): Die Möglichkeiten, zu wirken und Situationen mit unserem Verhalten zu beeinflussen, sind sehr viel größer, als es uns meist erscheint.

Verpulvere keine Energie, indem du versuchst, Dinge zu ändern, die du nicht ändern kannst. Wirke dort, wo es möglich ist.

Noch einmal das Beispiel vom Fußball: Angenommen, du kämpfst in einem wichtigen Spiel um den Pokalsieg. Dann macht es doch wenig Sinn, Energie dafür aufzuwenden, um dich mit Schiedsrichterentscheidungen, dem Wetter oder dem Zustand des Platzes auseinanderzusetzen. Diese Bedingungen änderst du

»DAS BESTE«

nicht. Nimm sie hin, passe dich an sie an und ändere das, was du beeinflussen kannst – etwa deinen Einsatz, dein Stellungsspiel oder deine Kommunikation mit den Mitspielern. Psychologisch gut ausgebildete Trainer legen viel Wert darauf, ihre Spieler immer wieder auf ein solches Verhalten zu fokussieren.

Wenn du es – und sei es nur testweise – auf die Spitze treibst, wirst du feststellen, wie groß dein Einfluss auf das unmittelbare Geschehen ist, egal in welchem Bereich des Lebens. Ein solches Ausprobieren ist der Kernbestandteil eines jeden professionellen Wirksamkeitstrainings.

Dein Partner wird immer unsachlich, wenn du mit ihm diskutieren willst? Dann reagiere du in Diskussionen einfach eine Woche so, wie er es nicht erwarten würde, und beobachte, inwiefern sich dein Gefühl oder sogar sein Verhalten daraufhin ändern. Die unsäglich negative Stimmung in der U-Bahn auf dem morgendlichen Weg zur Arbeit zieht dich runter? Beginne dort jeden zweiten Tag ein Gespräch mit jemandem, den du nicht kennst. Wichtig ist der direkte Vergleich, um Veränderungen bestmöglich wahrzunehmen.

> **Wenn dir Aufgaben wie diese widerstreben, dann ist das ein sicheres Indiz dafür, dass du sie angehen solltest.**

Mehr Wirksamkeit erlangst du nur, wenn du erfährst, dass dein Handeln tatsächlich etwas bewirken kann. Wenn du nicht bereit bist, aus deinem Sicherheitsbereich herauszutreten, dann wirst du dich nicht weiterentwickeln. So einfach ist das. So weiterzumachen wie bisher und trotzdem Veränderung zu erwarten – das ist idiotisch. Oder wie der legendäre Manager Henry Ford es einmal ausgedrückt haben soll: „Wer immer tut, was er schon kann, bleibt immer das, was er schon ist." Und du willst ja mehr.

Wenn du dich von den letzten Zeilen angegriffen fühlen solltest, verstehe ich das. Alles gut. Wenn sie dich allerdings dazu veranlassen sollten, dieses Buch jetzt beiseitezulegen, dann würdest du genau dem Muster vom Wollen-aber-nicht-Machen folgen, das dir den Zugang zu deinem besten Ich versperrt.

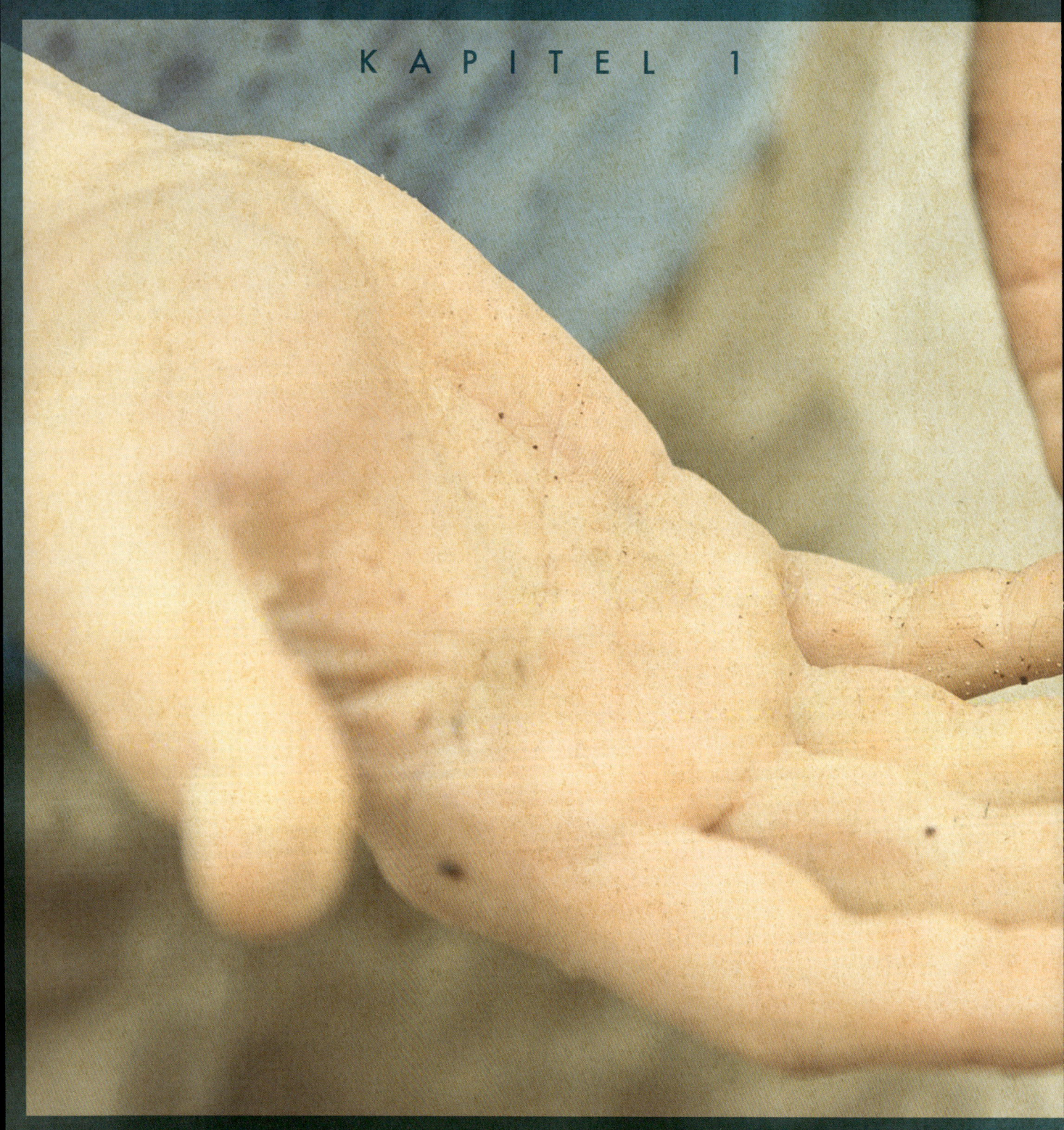

KAPITEL 1

» DAS BESTE «

Wer leben will,
der muss was tun.
WILHELM BUSCH

KAPITEL 1

Gut ist, was funktioniert

Erfolgreiche Wirksamkeit braucht Flexibilität und einen gesunden Pragmatismus. Die großen Träume und Ideale sind nicht immer direkt umsetzbar. Trotzdem sollten wir machen – und uns dafür auch mit Bedingungen und Menschen arrangieren. Der Journalist Wolf Lotter schrieb in einem klugen Artikel in der Wirtschaftszeitschrift *Brand Eins*:

> „Die Leidenschaft und das Gefühl sind dazu da, Ideen und Visionen abheben zu lassen. Aber die Vernunft und nüchterne Betrachtung, das Auseinandersetzen mit der Machbarkeit in der realen Welt halten sie am Fliegen."

Ich habe als Zeitschriftenmacher zuletzt mit immer größerer Freude das Spiel mitgespielt, Titelzeilen und Überschriften extrem zuzuspitzen, in den Artikeln selbst dann aber richtig nachhaltigen, tiefer als üblich gehenden Inhalt zu liefern. Weil es funktioniert. Weil ich den Eindruck hatte, dass es gerade den Leuten guttun würde, meine Artikel zu lesen, die sich von einer aggressiven Zeile locken lassen, die mit möglichst wenig Einsatz höher, schneller und weiter wollen. Die Titelzeilen und Überschriften für sich genommen entsprachen nicht meinen Idealen, aber ohne sie wäre meine Wirksamkeit geringer gewesen.

Abzuwägen, wie weit wir gehen, um wirksam zu sein, liegt in jeder neuen Situation in unserer eigenen Verantwortung. Die Geschichte hat immer wieder gezeigt, dass auch kompromissloses Eintreten für Ideale sich sehr wohl lohnen und – in Verbindung mit wirksamen Taten – revolutionäre Folgen haben kann. Grundsätzlich gilt: Es gibt selten das einzig Richtige. Gut ist, was funktioniert.

Verkauf bloß nicht deine Träume. Du wirst in diesem Buch noch jede Menge Inspiration finden, um sie endlich zu verwirklichen. Aber wenn du dich hinter ihnen versteckst, wirst du sie nie in ganzer Pracht sehen können. Viele Menschen glauben: „Wenn ich nur wüsste, was ich will, dann würde ich ..." Aber wie sollen sie jemals herausfinden, was sie wollen, wenn sie nicht einfach da rausgehen und Dinge ausprobieren, hinfallen, wieder

»DAS BESTE«

aufstehen, noch mal hinfallen und noch mal aufstehen? Es gibt keinen besseren Weg, zu deinem besten Ich vorzudringen, als deine Komfortzone zu verlassen und dich ins Abenteuer Leben zu stürzen.

Thomas Lurz, mehrfacher Weltmeister im Langstrecken-Schwimmen, hat mir mal gesagt: „Du kannst noch so große Ziele haben, du kannst noch so viel über Trainingssteuerung wissen, wenn du morgens nicht ins Wasser springst, nützt dir das überhaupt nichts." Thomas war nie sonderlich talentiert, zumindest nicht talentiert genug, um auf den kürzeren Strecken in der Halle vorne mitzuschwimmen. Also suchte er sich Strecken, für die es reichte, morgens (und mittags und abends) ins Wasser zu springen und Kilometer abzureißen. Mehr als jeder andere, wohlgemerkt. Er hatte sein bestes Schwimmer-Ich gesucht und gefunden.

Nicht der Schwimmphilosoph wird Weltmeister, sondern derjenige, der ins Wasser springt. Es nützt ja auch wenig, Bücher zu kaufen, sie aber nicht zu lesen. Es ist frustrierend, Dinge zu lernen, ohne sie je anzuwenden.

Zu viele Tage verpuffen einfach, wenn wir die ganze Woche auf Freitag warten und das ganze Leben auf das Glück.

„Lass uns doch nach Neuseeland mal wieder regelmäßig andere Gerichte kochen als unsere Standards", sagte ich kurz vor unserer Auszeit zu meiner Frau. „Gerne, aber wir fliegen doch erst in vier Wochen, wollen wir damit nicht gleich anfangen?", antwortete sie. Abends zauberten wir gemeinsam einen fantastischen Asia-Eintopf. Das Erst-wenn-das-und-das-eintritt-Denken steckt oft schon so in uns drin, dass wir es auf die banalsten Alltagstätigkeiten anwenden. Aber genau diese Tätigkeiten sind es, die in der Summe einen beachtlichen Teil unseres Lebens ausmachen und Aufschluss darüber geben, ob wir auch im Großen eher machen oder warten.

Hol dir im Alltag, im Kleinen, die Fähigkeiten, die du brauchst, wenn es drauf ankommt.

KAPITEL 1

Ein Schiff ist sicherer, wenn es im Hafen liegt. Doch dafür werden Schiffe nicht gebaut.

PAULO COELHO

KAPITEL 1

German Angst

 Setzt Machen Mut voraus? Es ist eher so, dass Angst uns daran hindert, zu machen. Das ist ein Unterschied. Wie bereits beschreiben: Das Streben nach Wirksamkeit ist ein Urbedürfnis. Es ist da. Wenn wir es NICHT bedienen, DANN stimmt etwas nicht. Anders: Machen ist normal.

Wir brauchen keinen Mut, um zu machen, aber wir haben oft Angst, dass etwas nicht funktioniert.

Hand aufs Herz: Oft ist unser größtes Ziel doch, Misserfolg zu vermeiden, anstatt beherzt nach vorne zu gehen, heiß darauf, aus jedem Fehler zu lernen. Natürlich sieht sich niemand gerne als hadernder Misserfolgsvermeider. Oder würdest du dein Kreuzchen in einem Persönlichkeitstest in dieser Zeile setzen? Die Wahrheit aber ist, dass genau dieses Verhaltensmuster einen gewichtigen Teil dazu beiträgt, dass wir auf der Stelle treten. Es erst zu erkennen und dann aufzulösen, lohnt sich extrem. Der Unterschied zwischen Erfolg aufsuchendem und Misserfolg vermeidendem Verhalten spielt in der Motivationspsychologie eine zentrale Rolle. Ich werde an anderer Stelle noch tiefer auf ihn eingehen. Die Angst in unserer Gesellschaft ist in den letzten Jahren deutlich gestiegen. Der Begriff „German Angst" hat sich sogar fest im englischen Sprachgebrauch etabliert. Laut Wikipedia beschreibt er „entweder eine generalisierte Angststörung, eine unbegründete diffuse Furcht oder ein betont auffällig vorgetragenes Leiden an der Welt." What?

Setze alles daran, dieser Form von Angst gehörig in den Hintern zu treten!

Gelegenheiten klopfen an unsere Tür. Ständig. Aber bis wir die Riegel zur Seite geschoben, die Kette aufgemacht, den Alarm deaktiviert und das Sicherheitsschloss geöffnet haben, sind sie längst wieder weg. Es könnte aber auch sein, dass wir das Klopfen nicht einmal hören.

»DAS BESTE«

Hat dich schon mal jemand für mutig gehalten? Kamst du dir selbst dabei mutig vor? Was für den einen mutig erscheint, ist für den anderen oft völlig normal. Lass dich von dem Begriff Mut also nicht verrückt machen!

Mut lässt sich auch beschreiben als „Fähigkeit, sich gegen Widerstand und Gefahren für eine als richtig und notwendig erkannte Sache einzusetzen". Diese Fähigkeit können wir trainieren.

KAPITEL 1

Von klein zu groß

* Das Schöne ist: Zu machen, stärkt nicht nur das Vertrauen in die eigene Handlungsfähigkeit, in das Selbstbewusstsein. Es generiert nicht nur wichtige Erfahrungen, auf die wir in anderen Situationen zurückgreifen können. Da ist noch etwas: Auch kleinste Wirkungseinheiten können sich zu etwas Bedeutendem zusammenfügen.

„Wir kämpfen um jeden Zentimeter. Wir krallen uns mit den Fingernägeln an jeden Zentimeter. Weil wir wissen: Am Ende summieren sich all diese Zentimeter und machen den verdammten Unterschied." So wunderbar pathosschwanger schwor Al Pacino in seiner Rolle als Football-Coach in dem Film *An jedem verdammten Sonntag* seine Spieler auf das entscheidende Match ein.

Gerade wenn du noch kein konkretes Ziel hast, ist es unglaublich wichtig, dass du dich auf die kleinen Wirkungsschritte und die damit verbundenen Informationen fokussierst. Nur so kann nach und nach ein Rädchen in das andere greifen und sich irgendwann ein lohnendes Ziel oder sogar direkt eine Lösung herauskristallisieren.

> **Werde nicht nervös, wenn du noch kein Ziel im Visier hast. Das ist allemal besser als den falschen Zielen hinterherzujagen.**

Wenn du Neues tust, also eine innovative Tätigkeit ausführst, können zu spezifische Ziele sogar hinderlich sein. Deine Aufgabe ist es dann, die zu Beginn noch vagen Ziele ständig zu verändern und sie so zu spezifizieren, dass sie den Entwicklungsprozess langsam immer klarer werden lassen. Das ist wissenschaftlich bestätigt. Brainstormings basieren zum Beispiel auch auf diesem Prinzip:

> **Erst mal laufen lassen und sammeln, um dem kreativen Prozess nicht gleich durch zu enge Vorgaben die Dynamik zu nehmen.**

»DAS BESTE«

Im Wissenschaftsjargon lauten die Kriterien eines solchen Prozesses wie folgt: vermutungsgeleitetes Handeln mithilfe von Hypothesen zum Aufstellen von Teilzielen, Fehlerkorrekturen per Erzeugungsbewertungsprozess, fallbasiertes Schlussfolgern. Einfacher gesagt: vermuten, hoffen, machen, scheitern, anpassen und wieder von vorne beginnen.

Es heißt immer, viele richtungsweisende Veränderungen seien dem Zufall zu verdanken. Aber das stimmt nicht. Sie mögen nicht das Ziel der Handlungen gewesen sein, die sie letztlich hervorgebracht haben. Aber Zufall? Okay, die Forscher des Pharmakonzerns Pfizer hätten die Wirkung von Viagra nicht entdeckt, wenn sie nicht Studien mit einem Medikament durchgeführt hätten, das die Durchblutung des Herzens erhöhen sollte. Der Ingenieur Bob Gore experimentierte eigentlich mit Teflon herum, weil er neue Kabelummantelungen testen wollte, und stellte plötzlich fest, dass dieses Teflon in Form eines dünnen Films zwar Wasserdampf, aber keine Wassertropfen durchließ – die atmungsaktive Gore-Tex-Membran war geboren. Auch der Tesafilm, Gummi, die Mikrowelle und Vaseline waren vermeintliche Zufallsprodukte. Aber sie sind nicht vom Himmel gefallen, sondern Ergebnisse von Handlungen.

> **Es bedarf der Fähigkeit, das Potenzial nicht einkalkulierter Zwischenergebnisse – nennen wir sie Unfälle – zu erkennen und damit weiterzuarbeiten.**

Du kennst sicher jemanden, von dem gesagt wird: „Ihm fällt alles zu." Das ist aber nur vordergründig der Fall. In Wahrheit gehen solche Menschen meist positiver durchs Leben. Sie sehen Möglichkeiten, wo andere Probleme sehen, und selbst da, wo Möglichkeiten noch nicht einmal zu erahnen sind, machen sie einfach. Sie sind geduldiger und hartnäckiger, gleichzeitig aber flexibler. Vor allem aber sind sie keine auserwählten Superhelden, sondern einfach nah dran an ihrem besten Ich. Das ist ein Privileg. Eines, das auch du dir erarbeiten kannst.

KAPITEL 1

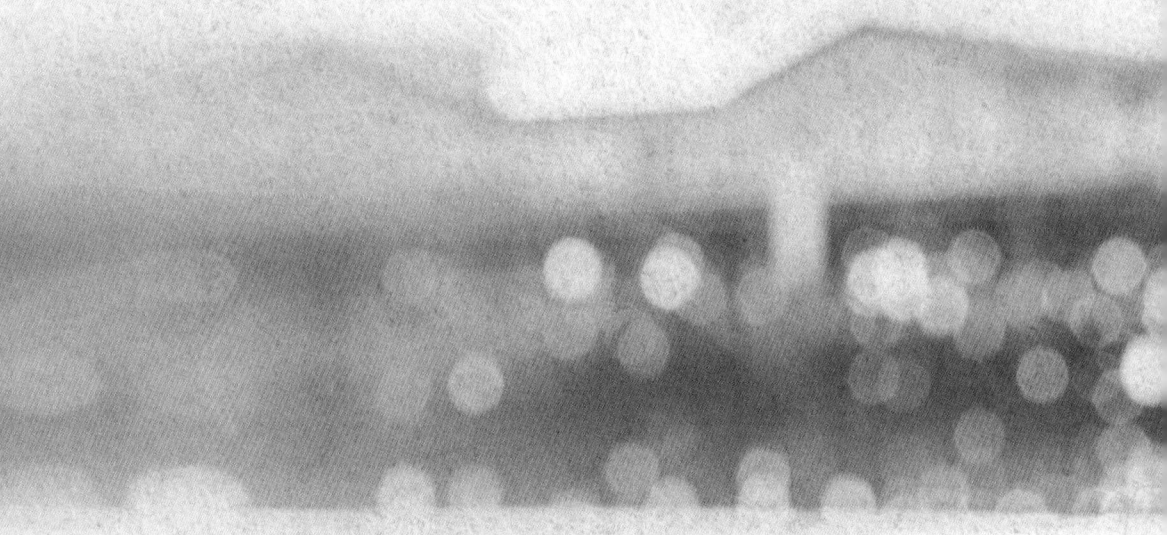

> Möge ich nie komplett sein.
> Möge ich nie satt sein.
> Möge ich nie perfekt sein.
>
> AUS DEM FILM FIGHT CLUB

» DAS BESTE «

KAPITEL 1

Und noch?

*„Dein bestes Ich" steht für den Wunsch nach Weiterentwicklung, für den Hunger nach mehr, aber es steht genauso für das Machen und die Zufriedenheit, die allein dieses Machen mit sich bringt, für die Freiheit, die entsteht, wenn es uns gelingt, unsere großen Erwartungen herunterzubrechen und im Hier und Jetzt zu wirken.

> **Dankbar und zufrieden zu sein, eben weil man nicht perfekt ist und das Leben nach einem Masterplan läuft – das ist groß.**

Du hast in diesem Auftaktkapitel die ersten Impulse für das Machen bekommen. Das Geheimnis der eigenen Wirksamkeit zu erkennen und vor allem zu erleben, ist der wichtigste Schritt auf dem Weg zu deinem besten Ich. Weil es der erste und einfachste Schritt ist.

Ich habe die Erfahrung gemacht, dass es sehr hilft, wichtige Dinge aufzuschreiben (wahrscheinlich bin ich deswegen Autor geworden, oder andersherum). Dabei ist es oft ein bisschen so wie früher, als ich mir in der Schule Spickzettel schrieb: Ich guckte da selten drauf, weil ich das meiste, was ich draufgeschrieben hatte, schon wegen des Draufschreibens auch verinnerlicht hatte.

Dinge aufzuschreiben veranlasst uns dazu, uns mit dem Geschriebenen auseinanderzusetzen. Du wirst in diesem Buch deshalb immer wieder Möglichkeiten finden, Dinge aufzuschreiben. Ich bin überzeugt davon, dass es dich nach vorne bringt, wenn du diese Möglichkeiten nutzt. Sollte dir diese Form der Auseinandersetzung widerstreben, ist das kein Drama, du wirst auch andere finden. Aber frage dich immer wieder: Widerstrebt es mir vielleicht nur, weil es mich aus meiner Komfortzone ziehen würde?

> **Die wichtigste Funktion, die ein Coach hat, ist Fragen zu stellen und dann nicht wegzugehen.**

» DAS BESTE «

Er hält es aus, dass da erst mal Unbehagen ist, dass entweder zurechtgelegte oder gar keine Antworten kommen. Seine schärfste Waffe ist die Frage „Und noch?". Wenn du einen Termin mit einem Coach hast, dann fragt der und bleibt. Er wartet auf Antworten. Wenn es nötig ist, sehr lange. Nicht um dich zu ärgern, sondern weil die Antworten, die du sofort parat hast, die Antworten sind, die du bislang immer gegeben hast.

Dein bestes Ich entdeckst du nicht im Vorbeigehen.

Du musst dir Zeit dafür nehmen und bereit sein, in dich hineinzuhorchen. Ich weiß, dass Zeit heute unglaublich kostbar ist und wir sie uns oft hart erkämpfen müssen. Aber dass wir sie uns nicht mehr nehmen, um uns mal wirklich mit uns selbst auseinanderzusetzen, ist ja einer der Gründe, warum wir so in der Luft hängen. Nur du selbst kannst diesen Kreislauf durchbrechen – indem du Prioritäten setzt.

Am Ende jedes Kapitels dieses Buches findest du ein Manifest. Eine Erklärung von Absichten. Meine Erklärung meiner Absichten, die sich für mich aus den Kapiteln ergeben. Daneben kannst du selbst deine Absichten erklären. Selbst wenn du meine auch für dich als relevant ansehen solltest, schreib sie noch einmal auf und setze am besten deine Unterschrift darunter. Auf Seite 44 wartet Manifest Nummer eins.

Vorher wirst du aber noch über einen sehr charismatischen Menschen stolpern, der in den vergangenen gut 20 Jahren mit dem Naturprodukt Merinowolle eine einzigartige Erfolgsgeschichte geschrieben hat: den Neuseeländer Jeremy Moon, Gründer der Outdoormarke *Icebreaker*. Ich habe in seiner Heimat lange mit ihm zusammengesessen, um mehr über seine ganz persönliche Idee des besten Ichs zu erfahren. Auf der folgenden Doppelseite findest du die wichtigsten Aussagen, die er in unserem Gespräch getroffen hat.

Du selbst bist das wertvollste Produkt, das du entwickeln darfst. Tue es mit einem Vielfachen der Hingabe, die du sonst für andere Produkte und Aufgaben investierst!

KAPITEL 1

Jeremy Moon, neuseeländischer Business-Pionier und Gründer der Outdoormarke Icebreaker, die Funktionskleidung aus Merinowolle produziert, über sein bestes Ich ...

„Die erfolgreichen Menschen, die ich kenne, können sich sehr gut selbst wahrnehmen, und sie lernen ständig. Sie haben eine hohe Integrität, also ihr Inneres deckt sich sehr mit ihrem Äußeren. Sie tragen keine Masken. Die beste Version von dir selbst zu sein, bedeutet für mich, dich selbst zu kennen. Das ist ein lebenslanger Prozess. Ich hatte schon viele verschiedene Ichs. Als Kind habe ich mich selbst anders erfahren als mit 20. Mit 30 war es wieder eine andere Erfahrung, weil meine Werte sich langsam änderten. Ich fühlte zum ersten Mal bewusst, dass ich auf einer Entdeckungsreise zu mir selbst bin. Diese Reise wird bis zu meinem letzten Atemzug andauern, aber genau das ist doch das Großartige am Leben. Das macht Menschsein aus, sich selbst und andere verstehen zu lernen.

Ich setze mich viel mit meinen Grundüberzeugungen auseinander, die sich in der Kindheit eingeprägt haben. Welche haben einen positiven Einfluss auf mein Verhalten heute? Welche sollte ich möglicherweise deprogrammieren, weil sie mich eher davon abhalten, näher an mein bestes Ich zu rücken?

Mir ist Balance sehr wichtig. Ich tauche gerne in hochdynamische Situationen ein, umgebe mich mit vielen Leuten, in energetischen Umfeldern, die schnelles, bewegtes Lernen ermöglichen. Auf der anderen Seite liebe ich es, mich in der Natur ganz mir selbst hinzugeben, nonverbal, total reduziert. So versuche ich, ständig meiner Intuition zu folgen und vielseitig inspiriert zu bleiben. Du hast riesigen Einfluss auf dein eigenes Leben und das anderer. Mach einen Unterschied, hab eine gute Zeit, kreiere eine Atmosphäre, in der Erfolg möglich ist. Irgendwann stirbst du dann. Und das ist ein gutes Leben. Ja, das ist ein gutes Leben."

» DAS BESTE «

DAS ERSTE

- Ich suche keine Entschuldigungen.
- Ich suche Möglichkeiten.
- Ich ändere, was ich ändern kann.
- Ich gehe neugierig durch die Welt.
- Ich freue mich darauf, zu lernen.
- Ich mache. Ich wirke.

KAPITEL 2

- Der Egoist in uns
- Endlich Verantwortung
- Selbst bestimmen
- Wider die Regeln
- Ganz allein
- Das zweite Manifest

KAPITEL 2

Der Egoist in uns

* Wenn du dein Bestes entdecken und in dein Leben einbringen willst, dann sei egoistisch. Du darfst, ja du musst sogar zuallererst auf dich selbst schauen. Was treibt dich an? Was gibt dir Zufriedenheit? Was lässt dich die Zeit vergessen? Es geht um dich. Einer der entscheidenden Gründe dafür, dass wir unser Wollen so oft nicht umgesetzt kriegen, ist die unbewusste Fremdsteuerung. Wir rennen den Zielen anderer hinterher.
Auch wenn das verdammt schwer ist: Versuche dich freizumachen von Zwängen und Erwartungen und der weit verbreiteten moralischen Vorstellung, man dürfe nicht eigennützig handeln.

> **Der Mensch ist kein geborener Moralist, sondern erst einmal ein Tier mit Instinkten, die jegliches Vernunftdenken zum Erliegen bringen können.**

Und der stärkste dieser Instinkte ist der Überlebensinstinkt. Das zu wissen und anzunehmen, ist ein erster großer Schritt zum besten Ich. Fast alles, was du tust oder gerne tun möchtest, tust du, um einen persönlichen Vorteil zu erzielen. Das ist so. Es abzustreiten, wäre fahrlässig, weil es die Selbsterkenntnis und damit den Zugang zu deinem besten Ich erschwert. Auch die eigenen Bedürfnisse befriedigen und sich weiterentwickeln zu wollen, die eigene Identität finden und ein selbstbestimmtes Leben führen zu wollen, sind Ziele, von denen wir uns einen persönlichen Vorteil versprechen.
Und persönliche Vorteile stehen im direkten Zusammenhang mit unserem Überlebensinstinkt. Natürlich geht es heute, wo wir nur in den allerseltensten Fällen noch natürlichen Feinden ausgesetzt sind, nicht mehr so explizit ums Überleben wie vor 20.000 Jahren – aber der Instinkt ist noch da.
Egoistischer durchs Leben zu gehen, hört sich nach einer radikalen, unmenschlichen, herzlosen Forderung an. Dabei ist sie menschlicher als jede andere. In ihr schwingt wieder ein gewisser Pragmatismus mit: Es mag nicht das sein, was du hören willst, deine moralischen Ansprüche mögen anders gelagert sein, aber

» MEHR ICH «

hey, so ist es nun mal – und wenn du dich nicht mit deinen natürlichen Bedürfnissen (was sich schon viel netter anhört als Instinkte, aber letztlich das Gleiche ist) nicht auseinandersetzt, dann wirst du Schwierigkeiten haben, lohnende Ziele zu definieren und zu erreichen. Das Wunderbare ist:

Mehr Ich bedeutet nicht weniger Wir.

Der Mensch ist evolutionsgeschichtlich gesehen auch ein soziales Wesen. Es wurde im Laufe seiner Entwicklung für sein Überleben immer wichtiger, soziale Beziehungen einzugehen und auszubauen. Sich für die Gemeinschaft einzusetzen, ist im Prinzip ein egoistischer Akt. Es geht mir in einer intakten Gemeinschaft einfach besser. Ich zahle zum Beispiel gerne mehr Steuern, um eine Erhöhung des Arbeitslosengeldes mitzufinanzieren. Weil ich lieber in einer weniger ungleichen Gesellschaft lebe.

Ich fuhr vor einigen Jahren mit dem legendären äthiopischen Langstreckenläufer Haile Gebrselassie durch Addis Abeba. Er hatte mich früh morgens aufgabelt, um mich mit zum Training in das Hochland vor den Toren der Stadt zu nehmen. Als wir mit seinem alten Mercedes die Serpentinen hochzuckelten, hielt er auf einmal unvermittelt an und stieg aus. In der Mitte der Straße lag ein großer Stein. Wir wären locker daran vorbeigekommen, aber Haile räumte ihn beiseite. Was für ein selbstloser Akt, dachte ich. Aber Haile sagte: „Ich habe nach dem Training noch wichtige Termine. Und wenn irgendjemand diesen Stein hier nicht sieht, dann gibt das am Ende einen Riesenstau. Das ist die einzige Straße runter in die Stadt." War das egoistisch? Oh ja! Hat es anderen geholfen? Sehr sogar!

KAPITEL 2

Wir sollten vor allem dafür sorgen, dass wir in einem lebenswerten Umfeld leben, das uns eine positive Grundstimmung bietet und Möglichkeiten, nach vorne zu gehen. Dazu kann gehören, dass wir Steine aus dem Weg räumen. Dazu kann gehören, den Menschen, die sich in unserer Gegenwart befinden, ein gutes Gefühl zu geben – so wie es Haile Gebrselassie zum Beispiel auch mit seinem berühmten charismatischen Lachen tut, wo immer er auftaucht. DU fühlst dich besser, wenn du versuchst, die Welt ein Stück zu verbessern, statt die Dinge resigniert hinzunehmen. Der amerikanische Psychologe und „Glücksforscher" Charles Raison ist sich sogar sicher:

> „Einer der zuverlässigsten Wege, glücklich zu werden, ist andere glücklich zu machen."

Das oberste Gebot bei Rettungseinsätzen und der Ersten Hilfe ist: Nur ein unverletzter Helfer kann helfen, ein geschädigter Helfer ist ein Hilfsbedürftiger mehr. Oder anders: Sieh zu, dass du nicht blind in gefährliche Situationen hineinläufst. Nur wenn du selbst unversehrt bist, kannst du anderen helfen.

Noch einmal: Es geht um dich.

Dem Begriff Egoismus hängt so viel Negatives an, dass du ihn am besten gar nicht erst verwenden solltest. „Ich muss mal wieder was für mich tun" ist dagegen vollkommen salonfähig. In Bezug auf unsere Urbedürfnisse ist das ähnlich: Mit dem Begriff Instinkt wird oft etwas Animalisches und eher Negatives, mit dem Begriff Intuition etwas Natürlich-Gutes verbunden – obwohl beide das Gleiche beschreiben. Das ist doch dämlich, oder? Mach dich frei von Begrifflichkeiten und ihren Zuschreibungen und fokussiere dich auf das, worum es geht: Dein authentisches, dein bestes Ich zu finden. Dazu gehört auch, immer wieder Neues und anderes zu tun. So wie Reinhold Messner, der als erster Mensch der Welt den Mount Everest ohne Sauerstoffgerät bestieg und als Erster ohne Sauerstoffgerät auf allen 14

» MEHR ICH «

Achttausendern der Welt gestanden hat. Ich traf Reinhold Messner vor einigen Monaten in Südtirol, wo er gerade das sechste *Messner Mountain Museum* eröffnet hatte. Zu meinem Erstaunen erzählte er mir, dass es das für ihn jetzt war mit den Museen und er in Zukunft Filme machen will. Wieder eine neue Herausforderung – mit 70 Jahren. Messner ist zweifelsohne eine beeindruckende Persönlichkeit. Eine, die immer wieder aneckt und von vielen Menschen durchaus kritisch gesehen wird. Es sind die direkten, ungeschönten und ohne Rücksicht auf den gesellschaftlichen Konsens getroffenen Aussagen, die Messner oft selbstbezogen wirken lassen. In Wahrheit wirkt er nicht nur so, er ist selbstbezogen! Und das aus voller Überzeugung. Auf der kommenden Doppelseite findest du Auszüge aus meinem Gespräch mit Reinhold Messner.

Erlaubst du dir selbst, egoistisch zu sein? Oder bist du immer nur für andere da, tust, was andere von dir erwarten, nimmst deine eigenen Bedürfnisse zurück? Es gibt gar nicht so wenige Menschen, die sich vor allem deshalb ständig aufopfern, weil sie sich davor scheuen, dem Ich ins Auge zu sehen. Überprüfe das mal und versuche, dabei ganz ehrlich zu sein ...

KAPITEL 2

„Man hat mir von allem, was ich bis zu meinem dreißigsten Lebensjahr gemacht habe, abgeraten."

BERGSTEIGERLEGENDE REINHOLD MESSNER

Reinhold Messner, du bist 70 Jahre alt und hast Dinge erlebt und geleistet, von denen andere nicht einmal zu träumen wagen. Welches waren die glücklichsten Momente in deinem Leben?

Ich bin davon überzeugt, dass Glück passiert, während wir ganz bei uns selbst sind. Das heißt, wenn ich das Beste von mir gebe und ganz konzentriert bin und mich identifiziere mit meinem Ziel, dann gibt es eine gelungene Zeit, einen gelungenen Lebensabschnitt. Das ist für mich das, was andere als Glück empfinden. Die Vorstellung, dass man das Glück erreichen kann, ist eine völlig falsche. Glück ist nicht erreichbar, Glück passiert. Es passiert, wenn wir ganz in einer Sache aufgehen. Und es liegt ganz bei uns, unsere Sache zu betreiben, mit Demut und Begeisterung. Die besten Zeiten habe ich immer dann, wenn ich etwas ganz konzentriert mache und ganz diese Sache bin und alles andere im Grunde gar nicht mehr existiert.

Wie in den vielen gnadenlosen Extremsituationen, die du in den Gebirgen dieser Welt erlebt hast?

Beim Bergsteigen ist es kalt, die Lunge hyperventiliert, der Hals tut weh, weil die kalte Luft da rein- und rausfährt, der Kopf hämmert, weil die Sauerstoffversorgungssituation nicht mehr optimal ist. Und ich weiß ununterbrochen, wenn ich am Abend nicht da unten bin in meinem Zelt, dann bin ich hin, dann bin ich mausetot. Leute, die sagen: „Ich mache das nur, weil es Fun ist", die kann ich wirklich nicht ernst nehmen.

Braucht es diese Fokussierung auf die Situation, um ganz nach oben zu kommen? Nicht nur hoch auf den Berg, sondern im übertragenen Sinne, im Wettkampfgedanken ganz nach oben, egal in welcher Disziplin.

Mir geht es nicht um die Frage „Wie werde ich der Beste?", sondern „Wie hole ich das Beste aus mir heraus?". Es ist Unfug, jemandem zu sagen, dass er alles schaffen kann, wenn er es nur will. Es gibt genetische Grenzen. Deshalb mag ich auch die Wettkampfsituation nicht. Ich habe es viel lieber, wenn Leute einfach machen, mit anderen zusammen, aber ohne das sportliche Vergleichselement, sondern der Erfahrung und des Erlebnisses wegen.

»MEHR ICH«

Als Bergsteiger und Abenteurer wirktest du sehr stark von Egoismus getrieben. Mit deinem heutigen Schaffen scheinst du auch der Gesellschaft etwas geben zu wollen. Haben sich deine Motive verschoben?

Auch hinter den Museen, so sehr sie auch dem Land und dem lokalen Tourismus zugutekommen, steht eine subjektiv-egoistische Motivation: Ich will mich ausdrücken. Und das ist großartig. Eine Sache, die am Beginn nur nebulös als Idee vorhanden ist, langsam zu entwickeln, Schritt für Schritt, im Hier und Jetzt, und daraus ein Gesamtkunstwerk entstehen zu sehen. Dass das für andere dann auch eine Möglichkeit ist, relativ schnell zu begreifen, was ich da erzählen will, ist eine andere Geschichte. Ich habe immer gesagt „Am Lebensende will ich mein Knowhow einbringen", aber es ist trotzdem eine egoistische Angelegenheit. Wir Menschen sind nicht zuerst Altruisten, sondern Egoisten. Ich bin vor allem in Deutschland scharf kritisiert worden, weil ich zu meinem Egoismus stehe. Denn der Deutsche sieht sich nicht als Egoist, sondern als Altruist oder Idealist. Ganz ehrlich: Damit ist Deutschland in die Hitlerei geraten. Wären die Leute damals egoistischer gewesen, hätten sie sich dagegen gewehrt. Davon bin ich überzeugt.

Wie finde ich heraus, was mir persönlich am wichtigsten ist? So einfach ist das ja gar nicht ...

Der wichtigste Schritt ist, die Selbstbestimmung an die erste Stelle zu stellen. Da gehört schon der Mut zum Egoismus dazu. Ich lasse mir von niemandem sagen, was ich zu tun habe. Die meisten hören viel zu sehr darauf, was Elternhaus, Lehrer, Freunde, die Medien oder auch Religionen ihnen einflüstern. Ich möchte jeden dazu ermutigen, selbstbestimmt zu leben und der eigenen Begeisterung nachzugehen. Natürlich ist die Begeisterung dort, wo ich einigermaßen Fähigkeiten habe, größer als in einem Feld, wo ich völlig ungeschickt bin. Mir hat man von allem, was ich bis zu meinem dreißigsten Lebensjahr gemacht habe, abgeraten. Aber ich hatte den Mut zu sagen: „Ist mir alles gleichgültig, ich gehe meinen Weg."

KAPITEL 2

»MEHR ICH«

Es gibt nur eine Art von Erfolg: sein Leben so zu führen, wie man möchte.
CHRISTOPHER MORLEY

KAPITEL 2

Endlich Verantwortung

 Mehr Ich bedeutet mehr Verantwortung. Ein weiterer Grund, selbstbestimmter zu leben! Denn Verantwortung ist etwas Großartiges. Du kennst sicher die Redewendung: „Er ist mit seiner Verantwortung gewachsen." Ja, Verantwortung bringt uns nach vorne.

Leider verbinden wir Verantwortung oft eher mit einer Last, die wir zu tragen haben. Es ist ja tatsächlich so, dass es in einer Welt der unendlichen Möglichkeiten auch deutlich mehr Gelegenheiten gibt, falsche Entscheidungen zu treffen. Und die Sorge, nicht richtig entschieden zu haben, gibt der Verantwortung eine unglaubliche Schwere.

Dabei müssen wir nicht Verantwortung übernehmen – wir dürfen.

Verantwortung kann auch leicht sein. Vor allem dann, wenn du selbstbestimmt und in Übereinstimmung mit deinen Bedürfnissen und Motiven handelst. „Ich darf endlich Verantwortung übernehmen" – auch diesen Satz hast du sicher schon einmal gehört. Er bedeutet: Da ist jemand, der mir etwas zutraut. Wenn es um dein bestes Ich geht, dann bist du selbst dieser jemand. Du traust dir etwas zu. Du glaubst an dich und das, was du kannst. In dem Begriff Verantwortung steckt das Wort „Antwort". Der englische Begriff für Verantwortung, responsibility, lässt sich auch mit „Fähigkeit, zu antworten" übersetzen. Bei der Verantwortung geht es also um die Frage: Bist du fähig, Antworten zu geben? Angenommen, du wirst ganz konkret nach den Gründen für dein Handeln gefragt. Hast du dann eine überzeugte Antwort? Da geht es nicht um eine Antwort, die in das Schema desjenigen passt, der fragt. Es geht um eine überzeugte Antwort, die erklärt, warum du es für richtig hältst, so zu handeln. Wenn du selbstbestimmt handelst, dann hast du deine guten Gründe. Du kannst ja nicht mehr tun als in dem

Du hast auch die Verantwortung für das, was du nicht tust. Wieder eine Woche nicht sportlich aktiv gewesen? Diesen einen Anruf nicht gemacht? Kannst du darauf entschlossen antworten?

»MEHR ICH«

Moment nach bestem Wissen und Gewissen zu entscheiden. Nur wenn du es tust, dann tue es bestimmt, selbst-bestimmt. Es ist gut möglich, dass du eine Entscheidung im Nachhinein nicht noch einmal so treffen würdest. Aber in dem Moment hast du sie gewählt. Und dafür gab es Gründe. Also triff deine Entscheidungen beherzt, stehe zu ihnen – revidiere sie aber auch, wenn es notwendig ist, weil sich zum Beispiel die Umstände einschneidend verändert haben.

Ein Freund von mir hatte seiner Freundin nach vielen Jahren glücklicher Beziehung einen Heiratsantrag gemacht. Über Monate stand dann das Thema Hochzeitsvorbereitungen im Raum. Wann ist es denn jetzt endlich so weit? Wo heiraten die beiden, und wie? Diese Fragen warteten lange darauf, beantwortet zu werden. Verdächtig lange. Irgendwann rief mein Freund mich an und erzählte mit stockender Stimme, dass er sich von seiner Zukünftigen getrennt hat. Allein der Heiratsantrag hatte etwas verändert, und in der Zeit danach machten die beiden, sie standen noch am Anfang ihrer beruflichen Karrieren, mehr und mehr ihr jeweils eigenes Ding. Lange hatte mein Freund mit sich gerungen, immer wieder das Gespräch gesucht, hin und her überlegt. Er wusste, dass er nicht nur seiner Verlobten, sondern auch seiner Familie sehr wehtun würde, wenn er einen Rückzieher machen würde. Aber er tat es. Er übernahm Verantwortung. Sowohl für die Entscheidung, den Heiratsantrag gemacht zu haben, als auch für die Entscheidung, sich nur wenige Monate danach zu trennen. Es wäre verantwortungslos gewesen, das nicht zu tun. Ich bin stolz darauf, dass er so gehandelt hat. Ich kenne zu viele Menschen, die sich an einen Partner binden, obwohl sie innerlich spüren, dass es nicht passt. Mit allen dramatischen Konsequenzen, die man sich vorstellen kann.

Verantwortung braucht Ehrlichkeit.

Zuallererst bist du dir selbst gegenüber verantwortlich – deinem besten Ich. Sei also ehrlich zu dir selbst. Sei aber auch ehrlich, wenn es erforderlich ist, deine Entscheidungen zu erklären (wie im Beispiel oben). Rechtfertige dich nicht, erkläre. Erwarte nur nicht, dass andere dich verstehen. Das ist nicht maßgebend.

KAPITEL 2

Freiheit bedeutet Verantwortlichkeit. Das ist der Grund, weshalb die meisten Menschen sich vor ihr fürchten.

GEORGE BERNARD SHAW

»MEHR ICH«

KAPITEL 2

Selbst bestimmen

* Es fällt uns vor allem dann schwer, Verantwortung für unsere Handlungen zu übernehmen, wenn wir mit diesen Handlungen Ziele erreichen wollen, die eigentlich gar nicht unsere eigenen sind. Fremdinitiierte Ziele (in der Motivationspsychologie auch „extrinsische Ziele" genannt) halten uns allerdings auch oft davon ab, überhaupt zu handeln.

Es sei denn – und das kommt durchaus vor –, wir übernehmen fremde oder mit anderen gemeinsam vereinbarte Ziele als verbindlich für unser Handeln. Manchmal dient das Erledigen fremdgesetzter Aufgaben auch einem wichtigen eigenen Ziel. In jedem Fall werden wir nur selbstbestimmt nach vorne gehen, wenn wir das Gefühl haben, dass unser Tun dabei hilft, unsere eigenen Ziele höherer Ordnung zu erreichen.

Es hilft herzlich wenig, wenn uns ständig jemand sagt: „Sei motiviert." Oder wenn wir selbst uns so anpeitschen wollen. Das fördert vielleicht für einen kurzen Zeitraum die Konzentration, ändert aber nichts am System.

Ein System kann sich nur aus sich selbst heraus verändern.

Das heißt: Wir können uns zwar Anregungen, Inspiration von außen holen, aber nachhaltig weiterentwickeln können wir uns nur aus uns selbst heraus. Oder anders: Menschen mit einem guten Zugang zu ihrem Ich können sich besser selbst motivieren. Sie gehen Ziele und Herausforderungen leichter an, weil ihr System stabil läuft und sie nicht befürchten müssen, empfindlich entmutigt zu werden.

Wenn du dich von deinem besten Ich leiten lässt und nicht von dem, was andere wollen, dann wirst du auch weniger auf einen festgelegten Plan angewiesen sein, der dich immer wieder an das Handeln erinnert. Nein, deine Ziele sind dann ein Teil von dir und immer präsent. Nicht wie ein Damoklesschwert, das drohend über dir hängt, sondern wie ein guter Freund. Um dich mit einem Freund wohlzufühlen, brauchst du auch keinen Ablaufplan. Gemeinsam zu machen reicht schon.

Zu lernen, sich zu erneuern und zu verändern, das macht selbstbestimmtes Leben erst aus. Ideologien und gesellschaftliche Normen stehen einem wirklich selbstbestimmten Leben also eher entgegen. Weil sie

»MEHR ICH«

kaum flexibel sind und zum Teil mit jahrtausendealten oder nur für bestimmte Bedingungen gemachten Regeln eine moderne globale Gesellschaft ordnen wollen. Das Verführerische an Ideologien ist: Sie geben Sicherheit – in einer Zeit, in der die Orientierung nicht einfach ist, ein sehr relevanter Aspekt.

Stärker bist du, wenn du deiner selbst sicher bist.

Wenn du dir selbst vertrauen kannst. Weil du weißt: Am Ende kann mir nichts passieren. Ich habe mich und meine Fähigkeiten. Und die kann mir niemand wegnehmen.
Du wirst in den Kapiteln „Dein Feuer" und „Dein Weg" konkrete Ideen finden, dich deinen eigenen Motiven und Zielen und damit einem selbstbestimmten Handeln zu nähern. Du wirst erfahren, was es braucht, um deine Fähigkeiten zu trainieren und Vertrauen in sie zu bekommen.
Bevor es dort aber ins Detail geht, ist es wichtig, überhaupt erst einmal ein Bewusstsein dafür zu schaffen, wie sehr wir unser Verhalten nach fremden Erwartungen und Zielen ausrichten. Verkaufszahlen im Job, Figur, Fitness, familiäre Verpflichtungen und Modetrends – mögliche Ziele warten überall und ständig nur darauf, von uns gepackt zu werden. Ob und wie überzeugt wir sie zu unseren eigenen machen oder sie einfach nur als notwendig bewerten, sollten wir aber ganz reflektiert entscheiden. Und selbst wenn wir fremde Ziele zu unseren eigenen machen, so werden es in den seltensten Fällen große Prozessziele sein.

Fremde Ziele sind in der Regel Leistungsziele. Und die sind sowieso weniger wichtig.

Solche Leistungsziele können wertvolle Bausteine für etwas Größeres sein. Aber dieses Größere definierst du bitte selbst! Mit der Übung auf der nächsten Seite findest du heraus, ob du fremden (extrinsischen) oder eigenen (intrinsischen) Zielen folgst.

KAPITEL 2

Anhand der beiden Fragen auf dieser Doppelseite kannst du überprüfen, welche Ziele du verfolgst – deine eigenen oder von außen beeinflusste. Schreib einfach ohne großes Nachdenken deine Antworten auf.

Erst im zweiten Schritt denke gründlich darüber nach, ob das
a) die Ziele sind, die du wirklich verfolgen möchtest, und
b) nimm sie mit ins Kapitel „Dein Feuer", wo du sie mit den dort zu definierenden Leidenschaften, Motiven und Bedürfnissen abgleichen kannst.

1

Welches sind die drei Ziele, die dich momentan am meisten beschäftigen?

… » M E H R   I C H «

2

Wenn du kostenlos zehn Trainings buchen könntest, worin würdest du dich gerne nach vorne bringen lassen?

KAPITEL 2

»MEHR ICH«

Das eigene Wesen völlig zur Entfaltung zu bringen, das ist unsere Bestimmung.

OSCAR WILDE

KAPITEL 2

Wider die Regeln

 Fremde Ziele entspringen oft schlichtweg den Regeln, die die Welt aufstellt. Damit meine ich gar nicht so sehr die Gesetze im juristischen Sinn, sondern die ungeschriebenen. Die Moralvorstellungen und Standards, nach denen ein 08/15-Leben hierzulande abläuft.

Der große amerikanische Psychologe Gordon Willard Allport plädierte schon in der Mitte des 20. Jahrhunderts dafür, den Menschen als individuelles System zu begreifen, das man nicht mit allgemeinen Gesetzmäßigkeiten steuern und begreifen kann. Weil es sich ständig weiterentwickelt. Allports Ansatz, auch dynamische Psychologie genannt, beeinflusst die psychologische Forschung und Coaching-Praxis bis heute. Selbst Eleanor Roosevelt, als Ehefrau des US-Präsidenten Franklin D. Roosevelt von 1933 bis 1945 einflussreiche und außergewöhnlich engagierte First Lady im Weißen Haus, war sich sicher:

„Du musst genau das machen, wovon du glaubst: Das kann man nicht machen."

Du musst natürlich gar nichts. Wenn dein größtes Bedürfnis ist, möglichst unauffällig einen Platz in der Gesellschaft einzunehmen, dann kann es für dich durchaus Sinn machen, die ungeschriebenen Regeln gewissenhaft zu erfüllen. Wenn du aber nach Selbstverwirklichung, nach deinem besten Ich strebst, dann ist es sehr wahrscheinlich, dass du gelegentlich auf Regeln triffst, die sich nicht mit dem vereinbaren lassen, was du wirklich willst.

Und dann: Brich sie! Das bedeutet nicht, dass du zum Outlaw werden musst, zu einem, der komplett außen vor steht und sein soziales Netz zerstören muss, weil es nicht mehr in sein Konzept passt. Wenn du authentisch dein bestes Ich lebst und überzeugt dafür eintrittst, wenn du offen und neugierig bleibst, dann wirst du nicht alleine dastehen (auch wenn es manchmal sogar weiterhilft, eine Zeit lang alleine zu sein, aber dazu auf der nächsten Doppelseite mehr).

„Ich will nicht, dass du auf die Straße gehst und randalierst. Ich will nicht, dass du Briefe an die Abgeordneten schreibst. Ich könnte dir gar nicht sagen, was da drinstehen soll. Ich weiß nicht, was das

»MEHR ICH«

Welches ungeschriebene Gesetz schränkt dich am allermeisten ein? Und was würde passieren, wenn du es einfach ignorierst?

richtige Mittel gegen die Depression und die Inflation und die Russen und die Gewalt da draußen ist. Alles, was ich weiß, ist, dass du als Erstes wütend werden und den Verstand verlieren musst. Du musst sagen: „Gottverdammt, ich bin ein Mensch und mein Leben hat Wert." Deshalb möchte ich, dass du jetzt aufstehst. Ich möchte, dass ein jeder von euch sich von seinem Stuhl erhebt. Steh auf und geh zum Fenster. Öffne es, stecke deinen Kopf da raus und schrei so laut du kannst: „Ich bin fuchsteufelswild und werde das nicht länger hinnehmen."
Diese Ansprache des von Peter Finch gespielten TV-Moderators Howard Beale aus dem Film *Network* ist ein legendärer Aufruf zum Durchdrehen. Finch machte es eindrücklich vor, stürmte im Studio an die Fenster, riss sie auf und brüllte immer wieder: „I'm as mad as hell and I'm not going to take this any more." 1977 bekam er dafür den Oscar für die beste Hauptrolle.
Wenn es notwendig ist, dann hau mit der Faust auf den Tisch und mach unmissverständlich klar: „Nicht mit mir." Mach deutlich, dass du dir deine Bedürfnisse nicht beliebig beschneiden lässt. Das kann eine befreiende Initialzündung sein, von der dann konkrete Lösungen ausgehen. Nur aus dem Fenster brüllen oder auf den Tisch hauen, das hilft mittel- und langfristig nämlich auch nicht weiter.

==Gut ist, was funktioniert. Das gilt auch für Regeln. Wenn Regeln für dich und deine Ziele keine wertvolle Funktion erfüllen, vergiss sie.==

Abitur, Uni, Karriere, Familie, Reihenhaus, Ruhestand – das funktioniert für viele ganz gut, aber längst nicht für alle. Nur wer bereit ist, mit solchen Regeln zu brechen (wieder: wenn es notwendig ist), kann den Weg zum besten Ich frei machen. Das Allerwichtigste: Wenn du Regeln brichst, dann tue das beherzt und voller Verantwortung. Du wirst deine Gründe dafür haben, also eiere nicht herum.

KAPITEL 2

Ganz allein

Ein gesunder Egoismus ist Voraussetzung für ein selbstbestimmtes Leben. Er führt auch zu mehr Miteinander. Aber um uns selbst zu finden, um herauszudestillieren, was uns wirklich wichtig ist und wie wir durchs Leben gehen wollen, müssen wir uns zurückziehen und die Reize von außen auf ein Minimum reduzieren. Nicht dauerhaft, aber eine Zeit lang.

Dem Alleinsein haftet heute, wo es fast schon selbstverständlich ist, über digitale Kanäle ständig mit anderen Menschen verbunden zu sein, ein Verliererruf an. Wer alleine ist, hat offenbar keine Freunde, zumindest scheint niemand mit ihm zusammen sein zu wollen.

Dabei gelangen Menschen in der Einsamkeit oft zu großer Einsicht und Erkenntnis. „Ich möchte jetzt bitte alleine sein." „Ich ziehe mich da mal für eine Weile raus." „Ich brauche ein bisschen Zeit für mich." Alles Aussagen, die zeigen: Das Alleinsein hat seine ganz besonderen Qualitäten.

Oh Mann, was bin ich gerne allein! Ich liebe das Familienleben, ich liebe den Austausch mit anderen, das gemeinsame Anpacken. Aber auch das Alleinsein. Vor allem in der Natur. Weil die Natur unser ursprünglicher Lebensraum ist – und wir haben nicht nur eine spezielle Verbindung zu ihr, der Mensch ist ja Natur.

Wenn da nur noch die wenigen natürlichen Reize um dich herum sind, dann schärft das die Sinne.

Du nimmst viel genauer wahr. Deine unmittelbare Umgebung und auch dich selbst. Deshalb sind Abenteurer oft so reflektierte Persönlichkeiten. Weil sie oft allein in der Natur unterwegs sind.

Wissenschaftler setzen den Effekt des Alleinseins mittlerweile sogar bei Stresspatienten ein. In der *Restricted Environmental Stimulation Therapy* werden die Reize von außen gezielt reduziert, die Selbstwahrnehmung und die Achtsamkeit gegenüber den eigenen körperlichen Bedürfnissen verbessert sich. Dabei können allerdings auch Erinnerungen oder Themen hochkommen, die unangenehm sind. Doch die Auseinandersetzung mit ihnen ist es ja, die am Ende zu einem echten Erkenntnisgewinn führt. Da passt wieder das Zitat von Jim Rohn: „Wünsche dir nicht, dass es einfacher wird. Wünsche dir, dass du besser darin wirst."

»MEHR ICH«

Menschen leiden oft unter einer so genannten „kognitiven Verzerrung". Sie haben eine bestimmte Sicht auf die Dinge und suchen unbewusst ständig nach Informationen, Studien, Meinungen, Ereignissen, die diese Sicht bestätigen. Diese vermeintlichen Bestätiger auszublenden, kann dabei helfen, klarer zu sehen und die eigene Sicht neu zu bewerten.

„Wer die Ruhe nicht in sich selbst findet, wird sie auch anderswo vergeblich suchen", schrieb der französische Autor Francois de la Rochefoucauld. Genau das ist der Punkt: Wird der Lärm um uns herum leise, müssen wir hinhören, was unsere innere Stimme fragt – und Antworten geben.

Damit das Alleinsein richtig wertvoll wird, müssen allerdings auch einige Voraussetzungen erfüllt sein. Kenneth Rubin, Psychologie-Professor an der amerikanischen *Carleton University*, nennt folgende:

1. Wir müssen uns aus freien Stücken dafür entscheiden.
2. Wir müssen in der Lage sein, jederzeit wieder soziale Beziehungen einzugehen.
3. Wir müssen über ein gewisses Maß an Kontrolle und Reflektionsfähigkeit verfügen, um mit auftretenden Emotionen umgehen zu können.

Sind diese Voraussetzungen nicht gegeben, dann fühlt sich das Alleinsein für uns nicht gewinnbringend, sondern unausweichlich an. Wir fühlen uns verloren.

Übrigens: Studien haben gezeigt, dass das Alleinsein für uns unangenehmer ist, je mehr wir glauben, dass andere unser Alleinsein negativ bewerten. Sprich: Im Kino oder auf einer Party fühlen wir uns allein viel einsamer als in der Natur. Immer wieder die Natur. Es ist kein Zufall, dass sie uns ein so gutes Gefühl gibt.

==Suche die Natur öfter auf.==
==Mit Freunden. Mit der Familie. Allein.==

KAPITEL 2

Drei Geheimtipps für besonders viel Ruhe und Natur

Der Schriftsteller und Philosoph Henry David Thoreaux zog im Jahr 1845 für zwei Jahre in eine einfache, einsame Hütte. Dort schrieb er den Literaturklassiker „Walden oder das Leben in den Wäldern". Ein brilliantes Werk, das heute vielleicht aktueller ist als je zuvor. Wenn du selbst auch Lust darauf hast, in aller Abgeschiedenheit eine Zeit lang tief in dich hineinzuhorchen, dann könnte eine dieser ehrlichen europäischen Ruheoasen etwas für dich sein.

Die Bortom-Hütte am norwegischen Osafjord zwischen Oslo und Bergen. Ohne Strom und fließend Wasser und nur mit dem kleinen Boot zu erreichen, das am Steg vor der Hütte liegt.
oydvin-gard.no

2

Das unglaublich idyllische Baumhaus von Claire und Ivan auf einer leichten Anhöhe in der französischen Normandie. Hier lässt es sich auch gut zu zweit alleine sein.
perchedansleperche.com

3

Die urigen Hütten am Maltaberg in Kärnten, Österreich. Pure Gemütlichkeit und ein Alpenpanorama, das du nicht so schnell vergisst.
kaernten-ferienwohnungen.com (besonders die Objektnummer PJB00255)

KAPITEL 2

»MEHR ICH«

Bist du allein mit dir,
so bist du mit dem Genius.
BETTINA VON ARNIM

DAS ZWEITE

- Ich denke zuerst an mich. ✓
- Ich tue das, was ich in diesem Moment für richtig halte. ✓
- Ich übernehme die volle Verantwortung für mein Handeln. ✓
- Ich stehe zu meinen Entscheidungen. ✓
- Ich kann Normen durchbrechen. ✓
- Ich höre auf meine innere Stimme. ✓
- Ich nehme mir Zeit für mich ganz allein. ✓

MANIFEST

Was ich mitnehme:

KAPITEL 3

»DEIN FEUER

- Weniger für mehr
- Das bequeme Loch
- Wofür brennst du?
- Was du nicht im Kopf hast
- Eins aus drei
- Außergewöhnlich
- Das dritte Manifest

KAPITEL 3

Weniger für mehr

In diesem Kapitel geht es um das Herzstück deines besten Ichs: die Feuer, die in dir brennen. Vielleicht lodern sie im Moment nicht, aber sie sind da – und wenn sie nur vor sich hin glimmen. Die größte Herausforderung ist, diese Feuer hinter all den fremden und eigenen Zielen, die in unserem System herumschwirren, überhaupt zu entdecken. Das Verfolgen mehrerer unterschiedlicher Ziele gleichzeitig – das Multitasking – ist extrem herausfordernd. Wir sind ihm meist nur unter Leistungseinbußen, oft aber auch gar nicht gewachsen.

Die meisten Menschen kommen deshalb nicht voran, weil ihr Leben so kompliziert ist.

Es gilt also, den Kern dessen freizulegen, was wirklich wichtig ist. Dann kann das Komplizierte ganz einfach werden. Ehrlich.

Wichtig ist in diesem Zusammenhang vor allem folgende Erkenntnis: Wenn wir uns der Selbstverwirklichung widmen, dann geht es uns schon mal ganz gut. Der Psychologe Abraham Maslow veröffentlichte 1954 in dem Buch *Motivation und Persönlichkeit* seine berühmte Bedürfnispyramide, die auch heute noch gerne in Management-Trainings und anderen Seminaren eingesetzt wird (obwohl sie letztlich sehr vage und allgemein bleibt). Nach Maslows Theorie bildet die Selbstverwirklichung die Spitze der Bedürfnishierarchie – und wird überhaupt erst zum Thema, wenn alle anderen Bedürfnisse wie körperliche Unversehrtheit, ein Dach überm Kopf, genügend Nahrung und soziale Einbindung erfüllt sind. Auch das Bedürfnis nach Selbstachtung steht für Maslow noch vor der Selbstverwirklichung.

Das Bedürfnismodell von Maslow (das übrigens nicht unbedingt in Pyramidenform dargestellt werden muss, siehe Abbildung rechts oben) verdeutlicht, was Priorität haben sollte in unserem Leben.

Auch im Lebenszyklus werden die Maslow'schen Bedürfnisse nacheinander befriedigt. Sprich: Wir können uns erst dann erfolgreich dem höchsten der Bedürfnisse widmen, wenn wir eine gewisse Reife erlangt und den Prozess der Grundbedürfnisbefriedigung durchlaufen haben. Sollten wir uns mit der Selbstverwirkli-

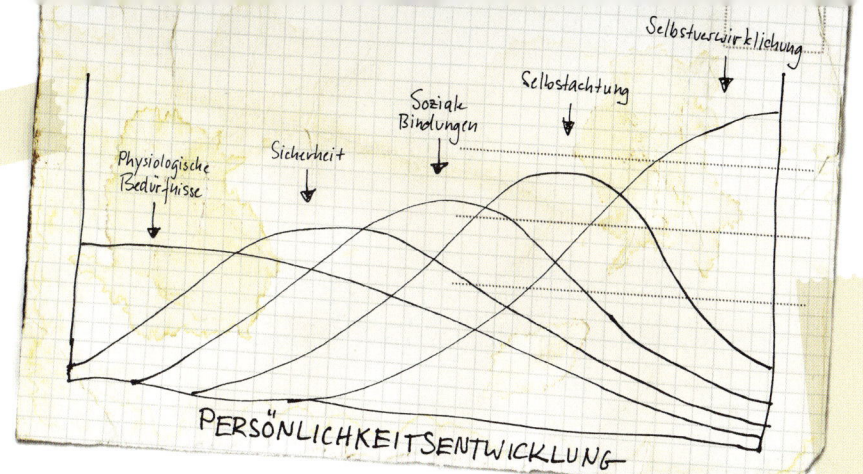

chung schwertun, kann es helfen, einen Blick darauf zu werfen, welches der untergeordneten Bedürfnisse im Laufe unseres Lebens vielleicht zu kurz gekommen ist (oder heute noch zu kurz kommt) – und wir deshalb noch gar nicht bereit sein können, uns selbst zu verwirklichen.

Aber Vorsicht: Physiologische Bedürfnisse, Sicherheit oder soziale Bindungen sind weit interpretierbar. Sie bieten wunderbare Möglichkeiten, sich zu verstecken. Dass du erst mal fitter werden, genug Geld beiseitelegen oder den richtigen Lebenspartner finden musst, sind KEINE zwingenden Voraussetzungen für die Selbstverwirklichung. Hier geht es um existenzielle Bedürfnisse, deren Nichtvorhandensein die Überlebenschancen senkt.

Wenn du dich aufmachen willst zu deinem besten Ich – und ich nehme stark an, dass du das willst –, dann muss die Hütte brennen! Leidenschaft, das ist der Begriff, den die vielen Menschen, die ich nach ihrem Geheimnis des besten Ichs gefragt habe, am häufigsten genannt haben.

„Folge deiner Leidenschaft!" ist ihr unmissverständlicher Rat. Und genau das meine ich, wenn ich von Feuer spreche.

Bei welcher Tätigkeit, an welchem Ort, in welcher Gesellschaft wird dir warm ums Herz? Was lässt dich die Zeit vergessen? Was begeistert dich? Wann fühlst du dich stark und kraftvoll? Wann bist du ganz bei dir? Fragen wie diese können dir den Weg zu deinen inneren Feuern, deiner Leidenschaft weisen. In diesem Kapitel findest du viele praktische Hilfestellungen, um deine Feuer zu entdecken. Danach geht es darum, sie so richtig zu entfachen und dir selbst ordentlich einzuheizen.

KAPITEL 3

»DEINE FEUER«

WAS SURVIVAL-GURU BEAR GRYLLS ANTWORTETE, ALS ICH IHN NACH SEINER IDEE VOM BESTEN ICH FRAGTE …

„Ich bin überzeugt davon, dass wir die folgenden fünf Fs zu klaren Prioritäten in unserem Leben machen sollten:

Family (Familie)
Friends (Freunde)
Faith (Vertrauen)
Follow your dreams (Verfolge deine Träume)
Fun (Spaß)

Es muss nicht kompliziert sein. Tue einfach das, was du tust, so, dass diese Werte im Fokus stehen, auch im Job und im Umgang mit anderen Menschen."

KAPITEL 3

»DEINE FEUER«

Wir sollten keine Angst vor dem Scheitern haben, sondern davor, in Dingen erfolgreich zu sein, die eigentlich gar nicht so wichtig sind.

FRANCIS CHAN

KAPITEL 3

Das bequeme Loch

 Seiner Leidenschaft folgen, dem eigenen Feuer – das hört sich schön an. Aber wie findest du jetzt heraus, wo es bei dir brennt? Ich habe das schon mehrfach erwähnt und werde es immer wieder tun, weil es so unglaublich wichtig ist:

Erarbeite dir die Antwort auf diese Frage! Sie wird dir nicht zufliegen.

Der Psychologe Daniel Kahnemann, der unter anderem die *Prospect Theory der Entscheidungsfindung* entwickelte, ist sich sicher, dass das menschliche Gehirn (vereinfacht gesagt) in zwei Betriebszuständen arbeitet: Das „schnelle Denken" wird von allgemeingültigen Regeln, Erfahrungen und Werten bestimmt. Es ist problemlos abrufbar und liefert zügig Ergebnisse. Es ist bequem. Nur in Ausnahmefällen setzen wir das „langsame Denken" ein, das (selbst-)kritische Sammeln von Informationen, Betrachten von Alternativen und Wahrscheinlichkeiten. Denn das ist anstrengend. Solange unser System gut läuft, denken wir vor allem schnell. Erst wenn Probleme auftauchen, wird das langsame Denken relevant. Diese Theorie liefert sehr wertvolle Erkenntnisse. Erstens: Wir können nicht ständig langsam denken, sondern sind darauf angewiesen, dass das schnelle Denken gut funktioniert. Unsere Instinkte, unsere persönlichen Erfahrungen und Werte spielen also eine extrem wichtige Rolle. Zweitens: Das langsame Denken, das Grübeln und Abwägen, kann uns helfen, nachhaltige Lösungen für große Themen zu finden. Die wichtigste Erkenntnis aber ist: Es geht hier ums Denken – wir wollen aber machen! Wer zu viel und vor allem zu oft langsam denkt, auf den passt am Ende möglicherweise der Spruch: „Die Dummen sind immer so sicher und die Intelligenten so voller Zweifel." Die große Kunst ist es, das schnelle Denken mit positiven, zielorientierten Erfahrungen aufzuladen, es wertemäßig zu bereinigen und zu sortieren und durch blockweises (!) langsames Denken die großen, individuell-relevanten Ziele festzulegen, um am Ende nicht einen noch wirreren Kopf zu haben, sondern eine konkrete Vorstellung. Selbst wenn du dir einen großen Block der kritischen Auseinandersetzung mit deinem Ich gönnst, wirst du nicht die Antworten auf alle deine Fragen finden.

» DEINE FEUER «

Aber möglicherweise deine Feuer. Vielleicht bekommst du auch nur eine Ahnung, wo sie brennen könnten. Und dann begehe nicht den Fehler und versuche, den Denkblock ständig zu verlängern, sondern fang an, zu machen. Du hast jetzt einige neue Impulse. Bewerte achtsam die Folgen deines Handelns für dich und dein direktes Umfeld – und nimm diese Erfahrungen wieder mit in den nächsten Langsam-Block. Die Menschen, die nicht vorankommen, sind die, die immer nur schnell denken (die haben meist aber auch gar kein Interesse an echter Selbstverwirklichung), die nur hin und wieder ganz kurz langsam denken (dabei erkennen, dass eine bewusste Phase des langsamen Denkens hilfreich wäre, sie sich aber davor drücken) und die, die nur noch langsam denken (und dadurch völlig den Bezug zum Handeln verlieren). Dieses Buch hilft dir, das richtige Maß von Reflektion und Handeln zu finden, wobei auch Reflektion nicht immer nur für das Denken steht. So oder so musst du deine Komfortzone verlassen, um Veränderung zu bewirken. Oder wie es der Survival-Guru Bear Grylls (siehe auch Seite 80) gerne nennt, dein „Komfort-Loch". „Zone hört sich so nett an", sagt Grylls, „aus einem Loch aber willst du einfach nur raus."

Wenn du nicht bereit bist, Gras zu fressen und dir die Hände schmutzig zu machen, dahin zu gehen, wo es wehtut, dann willst du auch nicht wirklich etwas verändern.

Leidenschaft ist nicht Larifari.
Leidenschaft ist voller Einsatz.

Notiz an dein bestes Ich: Reflektion ist hilfreich, aber zermartere dir nicht den Kopf. Lass das Reflektieren mit dem Handeln zusammenspielen, dann wirst du immer klarer.

KAPITEL 3

KAPITEL 3

„Ich könnte auf der Parkbank landen."

VIVIEN VOGT ARBEITET IM VERTRIEB EINES DE
ERFOLGREICHSTEN DEUTSCHEN START-UP
DER LETZTEN JAHRE, BE
MY MÜSLI. DANN REIS
SIE NACH INDONESIEN, WO
SIE DIE BEGEGNUNG MIT E
NER EINHEIMISCHEN FAMILIE
KRÄFTIG DURCHSCHÜTTELT:
SIE LERNT DEN JAVANESEN
SAMBUNG KENNEN, DER
JEDEN MORGEN SEINE 25
PALMEN ERKLETTERT, UM NEK-
TAR AUS DEN KOKOSBLÜTEN
ZU ERNTEN, DARAUS KOKOS-
ZUCKER ZU KRISTALLISIEREN
UND DIESEN DANN AUF DEM
LOKALEN MARKT ZU VERKAU-
FEN. PLÖTZLICH MELDET SICH
IHR BESTES ICH. SIE BEGINNT,
SAMBUNGS KOKOSZUCKER
ZU EINER MARKE ZU
ENTWICKELN UND NACH
DEUTSCHLAND ZU IMPORTIEREN.
MIT VIEL HERZBLUT UND NIM-
MERMÜDEM EINSATZ. HIER FASST
VIVIEN ZUSAMMEN, WAS DA
EIGENTLICH LOS WAR ...

»DEINE FEUER«

„Das ist es mir wert."

„Ich wanderte mit meinem indonesischen Bekannten Bobby durch den Dschungel und dann fiel diese Idee mir vor die Füße. Ich war hin und weg, begeistert, voller Passion. Ich hatte sofort eine Skizze im Kopf, wie dieses Projekt aussehen könnte. Nachdem ich wieder zurück in Deutschland war, setzte sich diese Skizze immer mehr zu einem Gemälde zusammen. Ich sah ganz genau vor mir, welche Produkte entstehen und wie ihre Verpackungen aussehen würden. Ich wusste: Die Sache mit dem Kokosblütenzucker ist mehr als eine Schnapsidee. Die Frage ist dann natürlich: Wie viel Risiko bist du bereit, zu gehen? Ich komme aus einer sehr sicherheitsorientierten Familie, ich hatte einen guten Job, aber eben auch den Drang, mal die komplette Klaviatur zu spielen statt immer nur den Flohwalzer. Der Katalysator war dann die Einladung zur TV-Show ‚Das perfekte Dinner'. Ich habe diese Sendung von Anfang an als PR-Plattform gesehen, wollte sie als eine Art Testballon nutzen, als Startschuss. Ich habe Janur darin intensiv promotet und, nun ja, ich habe gewonnen. Danach gab es eine unglaubliche Nachfrage. Und daraufhin habe ich meine Wertemauern endgültig eingerissen, mein Sparschwein geschlachtet und alles auf die Karte Leidenschaft gesetzt. Ich habe mir wirklich diese Frage gestellt: Was kann im schlimmsten Fall passieren? Ich könnte auf der Parkbank landen. Das ist es mir wert. Ich möchte mit Janur zwei Welten zusammenbringen, die komplett unterschiedlich und 18.000 Kilometer voneinander entfernt sind. Die Resonanz in diesen beiden Welten motiviert mich ungemein. Wenn ich sehe, wie die Leidenschaft, die ich in dieses Projekt hineinbringe, überschwappt. In Indonesien spüre ich die Begeisterung in jedem Gespräch. Die Menschen dort identifizieren sich sehr mit dem Produkt. Hier in Deutschland ist das Feedback auf die Idee genauso überragend. Dieses Gefühl, dass du etwas bewirkst, Brücken schlägst, das ist extrem befriedigend. Ich mache das hier alles mit sehr viel Begeisterung. Das spüren die Menschen. Ich war gerade auf einer Messe, bei der mir vier Bekannte, richtig gute Leute, unentgeltlich geholfen haben. Die haben die Messe mit mir gerockt. Viele suchen heute doch Menschen mit Leidenschaft, die an sich selbst und eine Sache glauben und mit Begeisterung nach vorne gehen. Ich kriege oft zurückgespielt, dass ich Menschen inspiriere. Das ist toll."

KAPITEL 3

Wofür brennst du?

✱ Okay, Butter bei die Fische, wie wir in Hamburg sagen, wenn es Zeit ist, zur Sache zu kommen. Lass uns herausfinden, wofür du wirklich brennst.

Dabei geht es im ersten Schritt nicht darum, konkrete Ergebnisziele zu definieren. Eine Million Euro auf dem Konto, ein fettes Haus, finanzielle Unabhängigkeit – das mögen Wünsche sein, irgendwann auch Ziele, aber es sind keine Feuer.

Rechts findest du sieben konkrete Fragen. Schreib deine Antworten am besten direkt darunter. Aber hau sie nicht einfach so raus. Reflektiere sie und wende die „Und noch?"-Taktik an: Ist da vielleicht doch mehr als das Naheliegende? Wenn du keine Lust hast, etwas aufzuschreiben, dann lass die Fragen wirken und nicht gehen, bevor du sie nicht für dich beantwortet hast. Aber glaub mir: Aufschreiben funktioniert.

Wenn du alle Fragen beantwortet hast, analysiere deine Antworten und versuche Muster zu finden, Gemeinsamkeiten, die sich möglicherweise erst auf den zweiten Blick erschließen. Immer mit der Meta-Frage im Hinterkopf: Welche Kriterien muss eine Tätigkeit erfüllen, damit du sie gerne ausführst?

Mit diesen Fragen und deinen Antworten kannst du dich den Feuern, die in dir brennen, zuverlässig nähern. Sie führen dich weg von den konkreten Zielen, insbesondere weg von den fremden Zielen, die dein Leben ausbremsen. Wie bereits erwähnt: Selbst wenn du aus diesem Schritt nur Ahnungen mitnimmst, beginne zu machen und diese Ahnungen in der Praxis auf die Probe zu stellen. Nur so kannst du herausfinden, ob du auf dem richtigen Weg bist, und deine Ahnungen nach und nach in Gewissheit verwandeln. Learning by doing, das gilt auch für dein bestes Ich.

Aber selbst wenn du deine Feuer über diese Fragen oder dein Tun oder was auch immer tatsächlich entdeckst und bereit bist, diese Feuer kräftiger lodern zu lassen, gibt es da noch etwas, das du dir anschauen solltest, bevor du weitere Lebensenergie verpulverst: die individuellen Bedürfnisse, die sich außerhalb deines Bewusstseins in jede deiner Handlungen schleichen. Diese Bedürfnisse decken sich nämlich oft nicht mit dem von dir definierten Selbstbild und den Zielen, die dein Leben bestimmen. Mit ihnen werden wir uns im nächsten Schritt intensiver beschäftigen.

» DEINE FEUER «

Was *begeistert* mich?
_____
_____

Was lässt mich die Zeit *vergessen*?
_____
_____

Wann habe ich mich das letzte Mal so richtig *leicht* gefühlt?
_____
_____

Wie würde ich meinen *Traumurlaub* verbringen?
_____
_____

Wofür gehe ich gerne an meine *Grenzen*?
_____
_____

Welchen *Traum* würde ich gerne verwirklichen?
_____
_____

Was würde ich tun, wenn *Geld keine Rolle* spielen würde?
_____
_____

KAPITEL 3

»DEINE FEUER«

Was, wenn Geld keine Rolle spielen würde?

DER PHILOSOPH UND AUTOR ALAN WATTS PROPAGIERTE IMMER WIEDER DAS SPRENGEN DER KETTEN, DIE DER GEDANKE AN DAS GELD DEN MENSCHEN ANLEGT. SO WIE IN DIESER REDE …

„Wofür brennst du? In was für einer Situation fühlst du dich wohl? Junge Menschen, die gerade die Schule beenden, erzählen mir oft, dass sie keinen blassen Schimmer haben, was sie tun sollen. Ich stelle ihnen dann immer folgende Frage: Was würdest du tun wollen, wenn Geld keine Rolle spielen würde? Auf welche Art und Weise würdest du dein Leben wirklich genießen? Ich höre oft ‚Ich wäre gerne Künstler', ‚Ich wäre gerne Schriftsteller', ‚Ich wäre gerne Dichter', ‚aber es weiß ja jeder, dass man davon nicht leben kann'. Ein anderer sagt vielleicht ‚Ich möchte gerne draußen sein, mit Pferden'. Wenn wir verschiedene Optionen durchgespielt und etwas gefunden haben, was diese Person wirklich gerne tun möchte, dann sage ich: ‚Du tust genau das. Vergiss das Geld.' Denn wenn du sagst, dass Geldverdienen das Wichtigste ist, wirst du dein Leben lang deine Zeit verschwenden. Du wirst immer weiter Dinge tun, die du nicht gerne tust, um weiter leben zu können und weiter Dinge zu tun, die du nicht gerne tust. Das ist dumm. Es ist besser ein kürzeres Leben zu haben, das vollgepackt ist mit Dingen, die du gerne tust, als ein langes, tristes Leben. Wenn du wirklich tust, was du gerne tust, stehen die Chancen gut, dass du ein Meister darin wirst. Wirklich für etwas zu brennen, ist der einzige Weg, ein Meister in einer Sache zu werden. Und dann wirst du auch gutes Geld dafür bekommen. Mach dir darüber nicht zu viele Sorgen. Es gibt immer Menschen, die an dem interessiert sind, für was du brennst. Aber es ist wirklich unglaublich dumm, deine Zeit damit zu verbringen, Dinge zu tun, die du nicht gerne tust, um wieder Dinge zu tun, die du nicht gerne tust, und irgendwann deinen Kindern beizubringen, es dir gleichzutun. Deshalb ist es so wichtig, dir diese Frage zu stellen: ‚Wonach sehne ich mich?'"

KAPITEL 3

*Die Dinge, die wir lieben,
sagen uns, wer wir sind.*
— THOMAS VON AQUIN

KAPITEL 3

Was du nicht im Kopf hast

*Ich habe behauptet, dass wir die Sache mit den Zielen komplett falsch angehen. Und dass wir vor allem deshalb nicht vorankommen. Was ich damit meine, ist zum Teil vielleicht schon bei der Betrachtung des Einflusses fremder Ziele auf unsere eigenen deutlich geworden, und beim Abgleich der Ziele, die unser Leben bestimmen, mit der Leidenschaft, die in uns schlummert.

Dieses Spannungsfeld ist komplex genug, aber ich halte es für relativ gut erkennbar und einleuchtend. Richtig interessant wird es allerdings erst, wenn du überprüfst, wie deine Ziele und die Leidenschaft, die du dir selbst zuschreibst, zu deinen unbewussten Bedürfnissen passen.

In der Psychologie wird in diesem Zusammenhang von expliziten und impliziten Motiven gesprochen. Als explizite Motive gelten die Werte, Ziele und Selbstbilder, mit denen du dich (bewusst) identifizierst. Implizite Motive sind deine in der frühen Kindheit gelernten, zum Teil aber auch evolutionär angelegten, eher emotionalen als rationalen Präferenzen, dich immer wieder mit einer ganz bestimmten Form von Anreizen auseinanderzusetzen. Das Problem: Die impliziten Motive unterdrücken wir oft. Und das erschwert nicht nur zielführendes Handeln, es macht auf Dauer auch unglücklich, im schlimmsten Fall sogar krank.

Wenn Selbstbild und unbewusste Bedürfnisse nicht zusammenpassen, besteht außerdem die Gefahr, sich gerade dann unpassende Ziele zu setzen, wenn man lange nachdenkt.

Klingt schräg, ist aber so. Weil beim bewussten Reflektieren logischerweise das Bewusstsein hochaktiv ist. Das Unbewusste wird weggedrückt.

Dabei bestimmt das Unbewusste viel mehr unser Handeln, als wir glauben. Das Bewusstsein wäre völlig überfordert, sollte es all die Entscheidungsarbeit alleine leisten. Sigmund Freud machte die unbewusste Steuerung des menschlichen Systems durch ursprüngliche Triebe und Bedürfnisse sogar zur Basis der von ihm entwickelten Psychoanalyse.

» DEINE FEUER «

Aber wie kommen wir dann überhaupt an die unbewussten, die impliziten Motive heran, wenn es durch Nachdenken nicht funktioniert? Das ist eine der entscheidenden Fragen für die Verwirklichung des Selbst – und vermutlich DER Knackpunkt der Motivationspsychologie. Die Antwort: Wir müssen machen! Vor allem müssen wir uns in Situationen bringen, die wir nicht durch Standard-Verhalten lösen können.

Wenn du wirklich Dinge ändern willst, dann hilft es, radikal zu denken und zu handeln. Wenn du dich selbst verändern willst, musst du dich radikal herausfordern. Auf den nächsten Seiten erfährst du mehr über Motive allgemein und wie du ans Eingemachte herangehst.

Wir brauchen Situationen, die uns zurückwerfen auf das, was wirklich in uns steckt, auf unsere impliziten Motive.

„Wo die Angst ist, da geht's lang", ist einer meiner Lieblingssätze. Er führt dich ins Abenteuer, dorthin, wo du dich selbst richtig kennenlernst. Im Kapitel „Dein Weg" wirst du konkrete Ideen finden, um außergewöhnliche Situationen für deine Entwicklung zu nutzen. Zunächst aber ist es hilfreich zu erfahren, welche Art von Motiven es eigentlich gibt. Die Menschen sind zwar unendlich unterschiedlich, aber das Wirrwarr von Motiven und Persönlichkeitsfaktoren etwas zu sortieren, macht durchaus Sinn.

Die Absicht dahinter ist, explizite und implizite Motive am Ende so in Einklang zu bringen, dass alles leichter wird. Dass wir uns nicht mehr ständig disziplinieren müssen, um Dinge zu tun, sondern wie von selbst und gerne handeln. Dass wir das finden, was Psychologen Selbstzugang nennen.

KAPITEL 3

*Man hat nur Angst,
wenn man mit sich selber
nicht einig ist.*

— HERMANN HESSE

KAPITEL 3

Eins aus drei

*Wenn wir uns mit expliziten und impliziten, also bewussten und unbewussten Motiven auseinandersetzen wollen, dann sollten wir auch darüber sprechen, wie diese Motive konkret aussehen können. Um klare Kategorien zu schaffen, hat der Psychologe David McClelland vor 30 Jahren folgende drei Grundmotive unterschieden:

```
Effizienz = Leistungsmotiv
Soziale Wirksamkeit = Machtmotiv
Sozialer Anschluss = Bindungsmotiv
```

Rechts findest du die drei Grundmotive und die entsprechenden Verhaltenstendenzen noch einmal im Überblick.

All diese Motive sind in jedem von uns angelegt, aber individuell sehr unterschiedlich ausgeprägt (und auch in Mischformen vorhanden). Wir können zum Beispiel unbewusst ein hohes Bindungsmotiv haben (etwa weil wir als Kind immer außen vor waren), uns selbst aber eher ein hohes (explizites) Leistungsmotiv attestieren bzw. versuchen, uns durch Leistung zu beweisen. Schon passen das stärkste explizite und das stärkste implizite Motiv nicht mehr zusammen. Die Folge: Unser vom Leistungsmotiv initiiertes Handeln funktioniert nur noch über Selbstkontrolle und Disziplin.

Und Disziplin ist nicht das Geheimnis deines besten Ichs!

Leistungsmotiviert verhältst du dich, wenn du deine Tüchtigkeit an einem „Standard of excellence" misst. Das können frühere Leistungen sein, Leistungen von anderen oder Normen. Diesem Standard fühlst du dich verpflichtet, deshalb handelst du aus eigenem Antrieb. Leistungsmotiviertes Handeln muss ein Ergebnis hinterlassen. Machtmotiviertes Verhalten ist geprägt von dem urmenschlichen (früher überlebenswich-

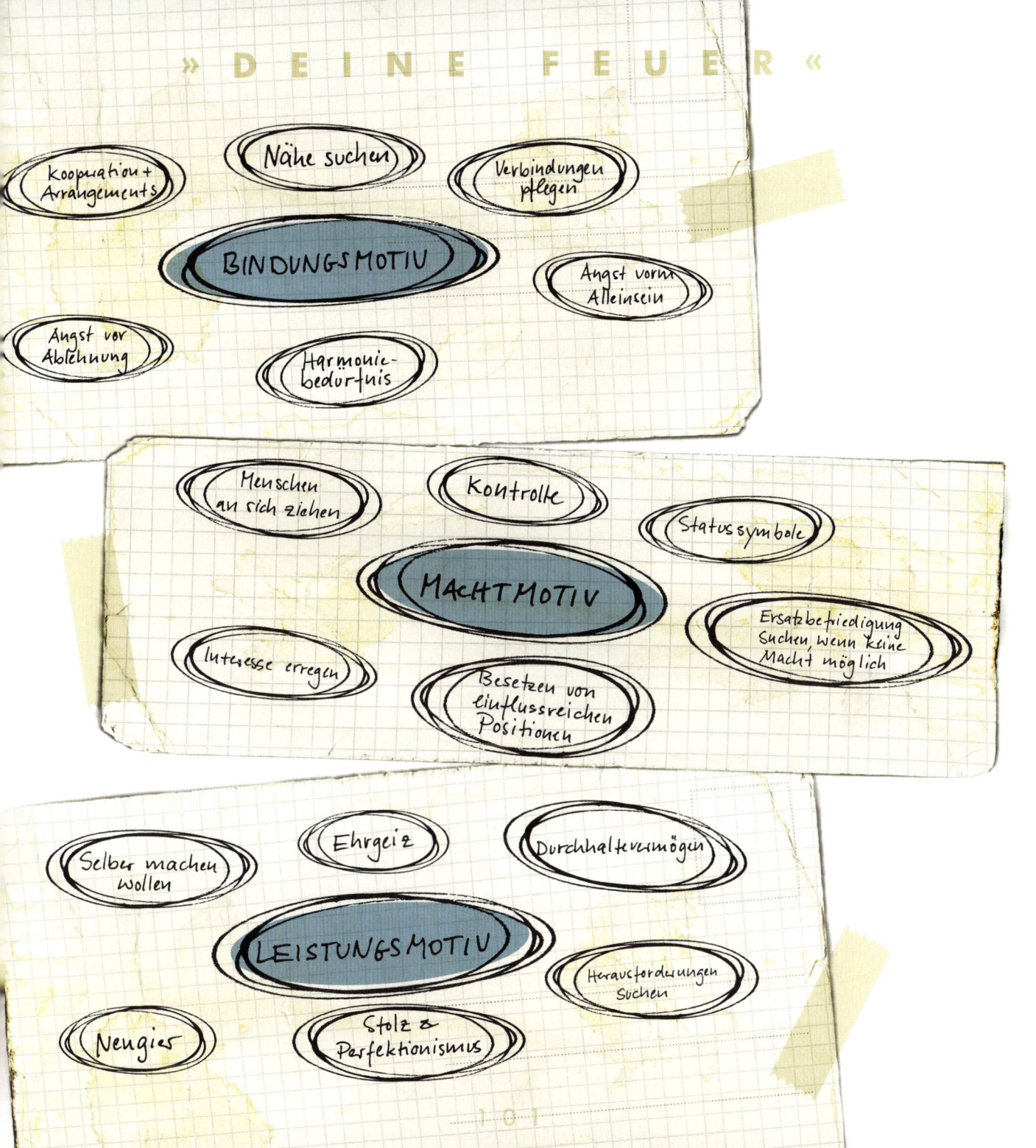

KAPITEL 3

tigen) Bedürfnis nach Dominanz und Kontrolle. Dabei geht es oft vor allem darum, sich stark zu fühlen – oder wie der Philosoph Friedrich Nietzsche es formulierte: „Man greift nicht nur jemanden an, um ihm wehzutun, ihn zu besiegen, sondern vielleicht auch nur, um sich seiner Kraft bewusst zu werden." Wer gerne „dazugehört"" also besonders bestrebt ist, Teil einer sozialen Gruppe zu sein, handelt affiliationsmotiviert. Wichtig: Diese Motive in sich bringen keine Wertung mit.

Diese Motive beschreiben. Ohne zu richten.

Und genau so solltest du mit ihnen arbeiten: Davon ausgehen, dass dein Ich weder gut noch schlecht, weder faul noch fleißig, weder stark noch schwach ist. Analyse braucht Sachlichkeit.

Bevor du jetzt weiterblätterst, sieh dir noch mal deine Antworten auf die Fragen von Seite 91 an. Ich habe dich schon gebeten, sie auf mögliche Muster abzuklopfen. Jetzt überprüfe sie noch einmal anhand der drei Grundmotive. Gibt es ein Motiv, das du besonders oft wiederfindest? Versuche die drei Motive in eine individuelle, für dich relevante Reihenfolge zu bringen. Auf der rechten Seite kannst du die Motive noch einmal, diesmal sortiert, aufschreiben. Ganz oben das Motiv, das sich am stärksten in den Antworten auf die Frage nach deinem Feuer zeigt, ganz unten jenes, welches am wenigsten präsent ist. Diese Rangliste werden wir später wieder aufnehmen. Sie gibt dir Aufschluss über dein Selbstbild.

Wenn du die Grundmotive, die dein Selbstbild bestimmen, in eine Reihenfolge gebracht hast, wenden wir uns auf der nächsten Seite deinen unbewussten Motiven zu. Wie gesagt: Du wirst nicht herausfinden, wo deine unbewussten Motive liegen, wenn du dir darüber den Kopf zerbrichst. Aber wenn du sehr achtsam in außergewöhnliche Situationen hineingehst, Herausforderungen annimmst, aus anderen Perspektiven auf dein Handeln schaust, dann ist es möglich, auch diesen Knoten zu lösen.

»DEINE FEUER«

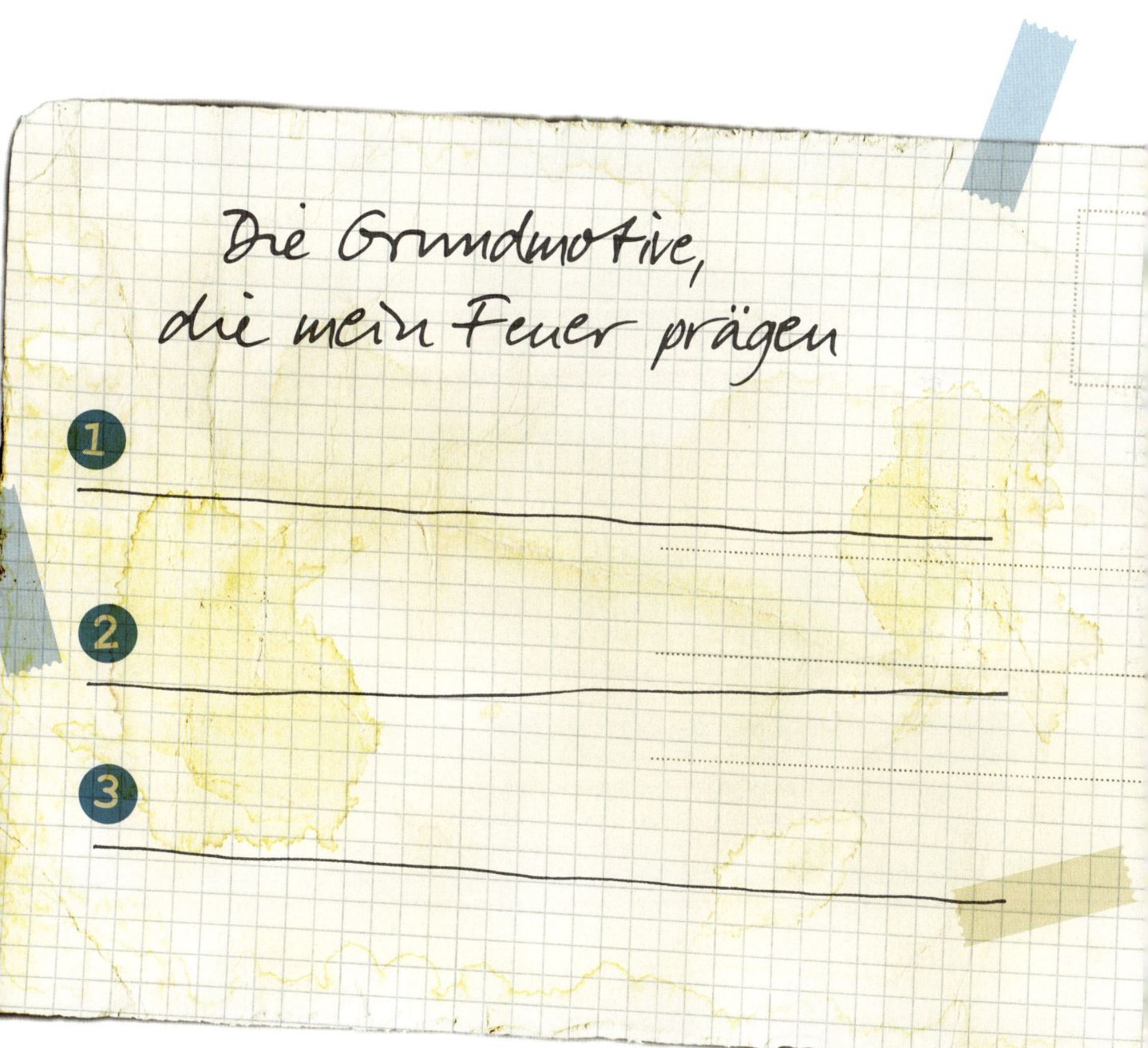

Die Grundmotive, die mein Feuer prägen

1.

2.

3.

KAPITEL 3

Außergewöhnlich

Echte Ausnahmesituationen sind Situationen, die wir so noch nicht erlebt haben. Deshalb können wir auch nicht unser Standardprogramm abspulen, wenn sie eintreten. Die gelernten Handlungsabläufe bringen uns nicht weiter. Echte Ausnahmesituationen fordern uns heraus. Unser ganzer Fokus gilt dem handlungsgesteuerten Bewältigen einer heiklen Aufgabe. Wir werden zurückgeworfen auf das, was außerhalb des rationalen Denkens abläuft: auf die Werte und Prägungen in unserem Unterbewusstsein, auf Instinkte und Intuition.

Echte Ausnahmesituationen zeichnen sich durch einen kurzfristigen, deutlichen Anstieg des Stresslevels aus und können unendlich unterschiedlich sein: Auftritte vor vielen Menschen, das Besteigen eines Berggipfels, Kampfsituationen, die Geburt eines Kindes.

Der ehemalige Boxweltmeister im Schwergewicht, Wladimir Klitschko, erzählte mir zum Beispiel, dass er sich auch mit 39 Jahren in der Vorbereitung auf einen Kampf immer noch gezielt in Stresssituationen bringt, um zu erfahren, wie er reagiert (siehe dazu auch Seite 112).

Das ist wertvoll. Wichtig ist allerdings, nicht aus nur einer Situation Schlüsse zu ziehen, sondern sich regelmäßig und immer wieder Ausnahmesituationen auszusetzen – zum einen, weil sich so zuverlässiger ein Muster erkennen lässt, welche Motive dein Verhalten in solchen Situationen am stärksten beeinflussen, zum anderen, weil keine Situation der anderen gleicht und du so auch immer wieder neue Informationen bekommst. Außerdem besteht die Chance, dass du mit jeder dieser Erfahrungen mehr Vertrauen in dein Unterbewusstsein gewinnst. Besonders interessant ist es, auch Situationen zu wählen, in die andere Personen außer dir involviert sind. In ihnen kannst du noch besser erfahren, wie sehr die Motive soziale Wirksamkeit und sozialer Anschluss dein Verhalten bestimmen und ob und wie Macht- und Leistungsmotivation sich im Miteinander (bzw. Gegeneinander) auswirken.

Also, ruf dir noch einmal den Satz „Wo die Angst ist, da geht's lang" in Erinnerung und begebe dich in mindestens drei der auf der rechten Seite beschriebenen vier Ausnahmesituationen.

»DEINE FEUER«

1 Einen Tag wandern

Starte morgens früh, spätestens um 7 Uhr, und wandere einen ganzen Tag, mindestens bis 17 Uhr. Nimm die Verpflegung, die du für diesen Tag brauchst, in einem kleinen Rucksack mit. Mach Pausen, aber kehre nicht in einer Gaststätte ein. Wandere allein. Du musst dafür nicht erst in die Berge oder an einen anderen prädestinierten Ort reisen. Starte von deinem Wohnort aus. Mach dir vorher einen groben Plan, welche Route du gehen möchtest und schaffen könntest. Und denke unterwegs daran: Niemand hat gesagt, dass es leicht wird. Das hier ist eine Herausforderung.

2 Allein unter Leuten

Geh allein auf eine Party, auf der du niemanden kennst. Niemanden. Bleibe mindestens zwei Stunden dort.

3 Mit anderen wachsen

Besuche eine Veranstaltung, bei der es auf die Zusammenarbeit mit anderen Teilnehmern ankommt. Das kann ein Weiterbildungsseminar, ein Fitnessworkshop oder ein Sprachkurs an der Volkshochschule sein. Wieder solltest du vorher keinen der Teilnehmer kennen.

4 Deine Wahl

Wähle eine vierte Herausforderung, die sich aus deinen ganz persönlichen (vermeintlichen!) Grenzen ergibt. Nicht vergessen: Es darf schwierig, extrem und abgefahren werden.

KAPITEL 3

Schon der Gedanke an die jeweiligen Situationen löst bei dir wahrscheinlich entweder ein eher gutes oder ein schlechtes Gefühl aus. Dieses Bauchgefühl kann dir bereits eine erste Tendenz eröffnen, welches Motiv dich stärker beeinflusst und welches weniger stark. Die vorgeschlagenen Ausnahmesituationen sind selbstverständlich Beispiele. Wenn du sowieso jedes Wochenende alleine feiern gehst, ist das für dich kein neuer Reiz, dann solltest du eigenverantwortlich eine andere Situation wählen. Mit den anderen Beispielen verhält es sich genauso: Entscheide selbst, was für dich passt!

Spannend ist es auch, dir die Ausnahmesituationen in Erinnerung zu rufen, die du schon erlebt hast. Ruhig auch solche, bei denen du deshalb einen extrem hohen Stressfaktor gespürt hast, weil die Aufgabe unlösbar war. Wie hast du dich da verhalten? Welches Motiv hat dich am stärksten beeinflusst? Erstelle wieder ein Ranking der drei Grundmotive:

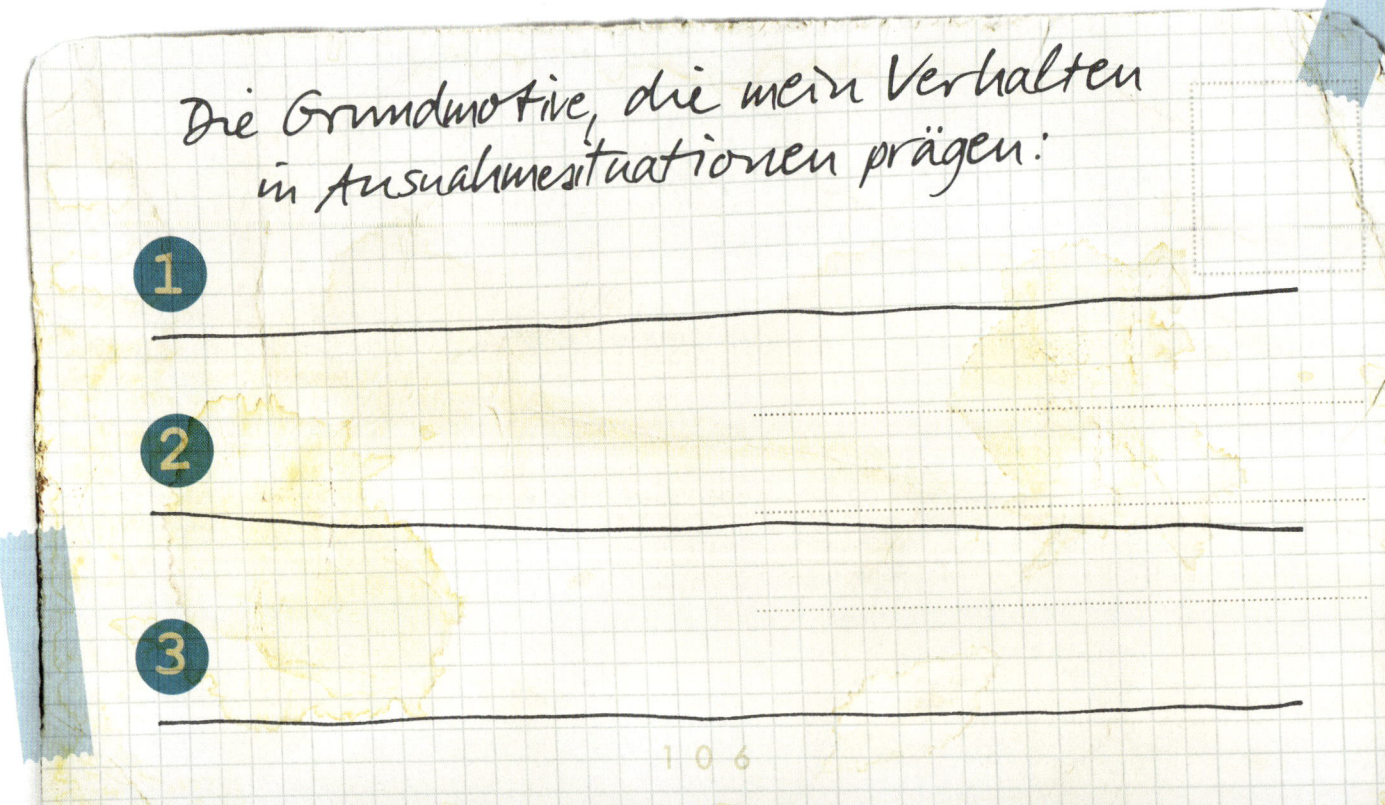

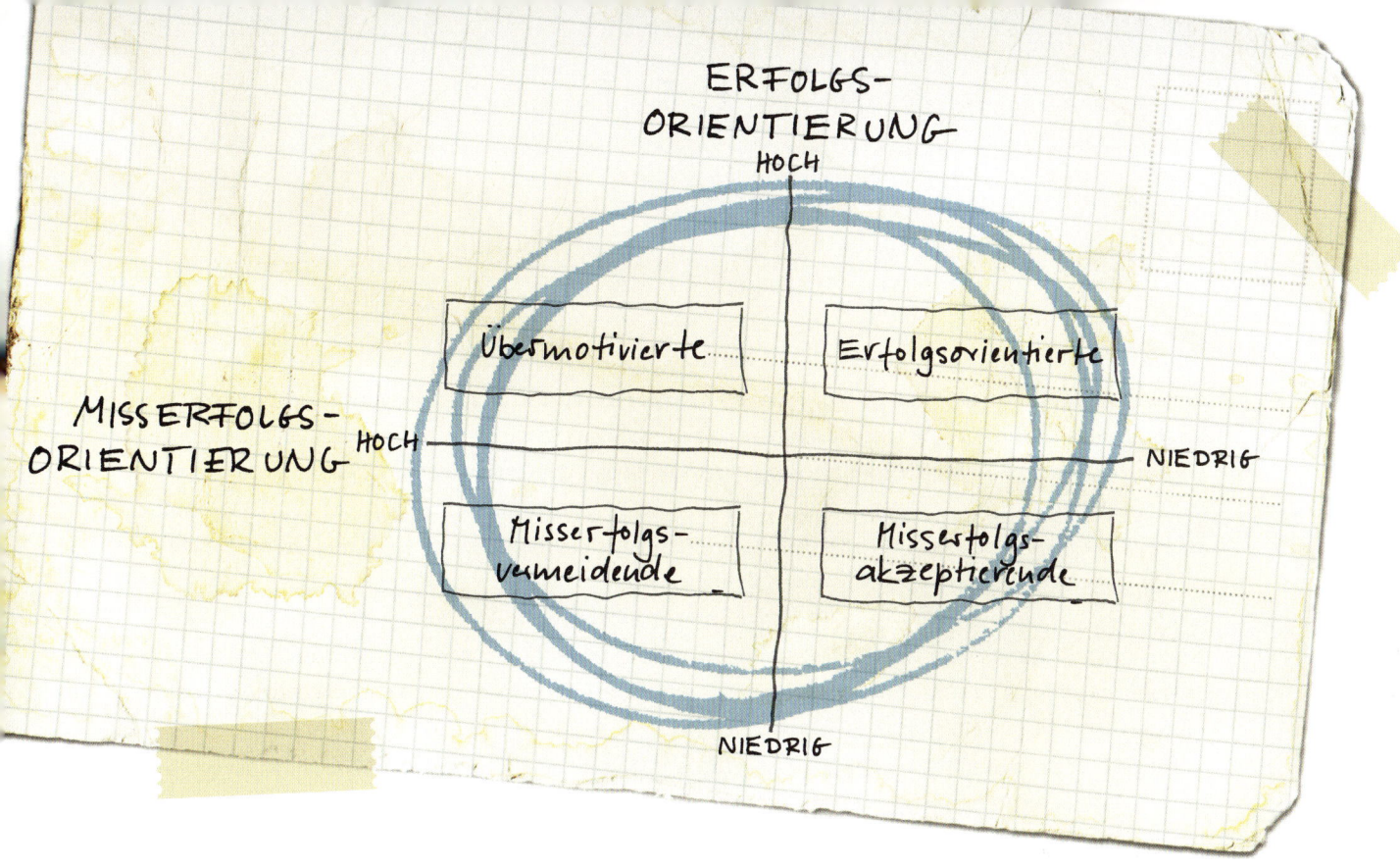

Erfolg suchen oder Misserfolg verhindern?

DIE MOTIVATIONSPSYCHOLOGIE UNTERSCHEIDET LEISTUNGSMOTIVIERTE PERSONEN NOCH EINMAL IN ERFOLGSSUCHENDE UND MISSERFOLGSVERMEIDENDE. Wer es vor allem den eigenen Fähigkeiten zuschreibt, wenn ihm etwas gelingt, und sich im Scheitern nicht grundsätzlich selbst infrage stellt, der gilt als erfolgssuchend. Erfolgssuchende sagen „Da habe ich mich nicht genug angestrengt" oder „Die Umstände haben nicht gepasst" und nicht „Das kann ich nicht". Erfolgssuchende streben vor allem nach Aufgaben mit mittlerer Schwierigkeit, sie setzen sich also realistische Ziele. Diese erreichen sie dementsprechend auch häufig, was zu einem positiven Selbstbild führt. Personen, deren Fokus darauf liegt, Misserfolg zu vermeiden, begründen Erfolge eher mit Glück und Misserfolg mit der eigenen Unfähigkeit. Sie neigen dazu, sich entweder leichte oder aber zu schwere Aufgaben zu suchen. Sie sind deshalb logischerweise häufig unter- oder überfordert und vermeiden so ein realistisches Feedback zu ihren Fähigkeiten. Dieses Verhalten führt zu einem negativen Selbstbild.

Wer sowohl sehr erfolgssuchend, gleichzeitig aber auch misserfolgsvermeidend durch die Welt geht, handelt oft übermotiviert.

KAPITEL 3

Wenn es dir in Ausnahmesituationen grundsätzlich nicht gelingt, überhaupt ins Handeln zu kommen, und du ständig das Gefühl hast, wie das Kaninchen vor der Schlange zu hocken, und wenn du das tatsächlich über verschiedenartige Ausnahmesituationen verifiziert hast, dann würdest du in der Psychologie den Stempel „lageorientiert" bekommen. Lageorientierte haben in bedrohlichen, stressigen, außergewöhnlichen Situationen einen gehemmten Selbstzugang. Sie schaffen es im Gegensatz zu Handlungsorientierten nicht, Kraft aus ihren unbewussten Motiven zu ziehen.

Jetzt aber endlich zur Frage, ob dein Selbstbild sich mit deinen unbewussten Bedürfnissen deckt: Auf der rechten Seite findest du einen Entscheidungsbaum, der dir bei der Analyse deiner Motiverkenntnisse hilft und aufzeigt, wie du weiter vorgehen kannst.
Für diesen Entscheidungsbaum gilt genau wie für die gesamte Motivermittlung: Die Herangehensweise, die ich dir hier aufzeige, ist ein Versuch, die komplexe Arbeitsweise der (Psycho-)Therapie, Psychologie und wichtige Aspekte des Coachings autodidaktisch erfahrbar zu machen. Zu Recht gibt es Experten, die dazu in vielen intensiven Terminen individuelle Lösungen mit ihren Klienten erarbeiten. Ich bin trotzdem überzeugt davon, dass es dir möglich sein kann, einfacher und direkter an das beste Ich heranzugehen. Funktionieren wird es allerdings nur, wenn du verantwortungsvoll und reflektiert mit den Ideen in diesem Buch umgehst und deine Erkenntnisse im Machen verifizierst.

Erfahrungen aller Art sind wertvoll. Aber Ausnahmesituationen bringen uns besonders weit nach vorn. Wenn wir in ihnen bestehen, wenn es uns gelingt, aus eigener Kraft Lösungen zu finden – und vor allem zu erkennen, was wir selbst beigetragen haben –, dann verknüpfen sich diese Erfahrungen zu einem starken Netz, das uns Halt gibt, was immer auch kommen mag. Dafür ist es entscheidend, dass du Erfahrungen, die aus dem Schema fallen, nicht verdrängst, dass du Ausnahmesituationen nicht aus dem Weg gehst. Die Fähigkeit, sie zu meistern und dann erfolgreich in dein Erfahrungsnetz zu integrieren, macht einen großen Teil einer ausgereiften Persönlichkeit aus.

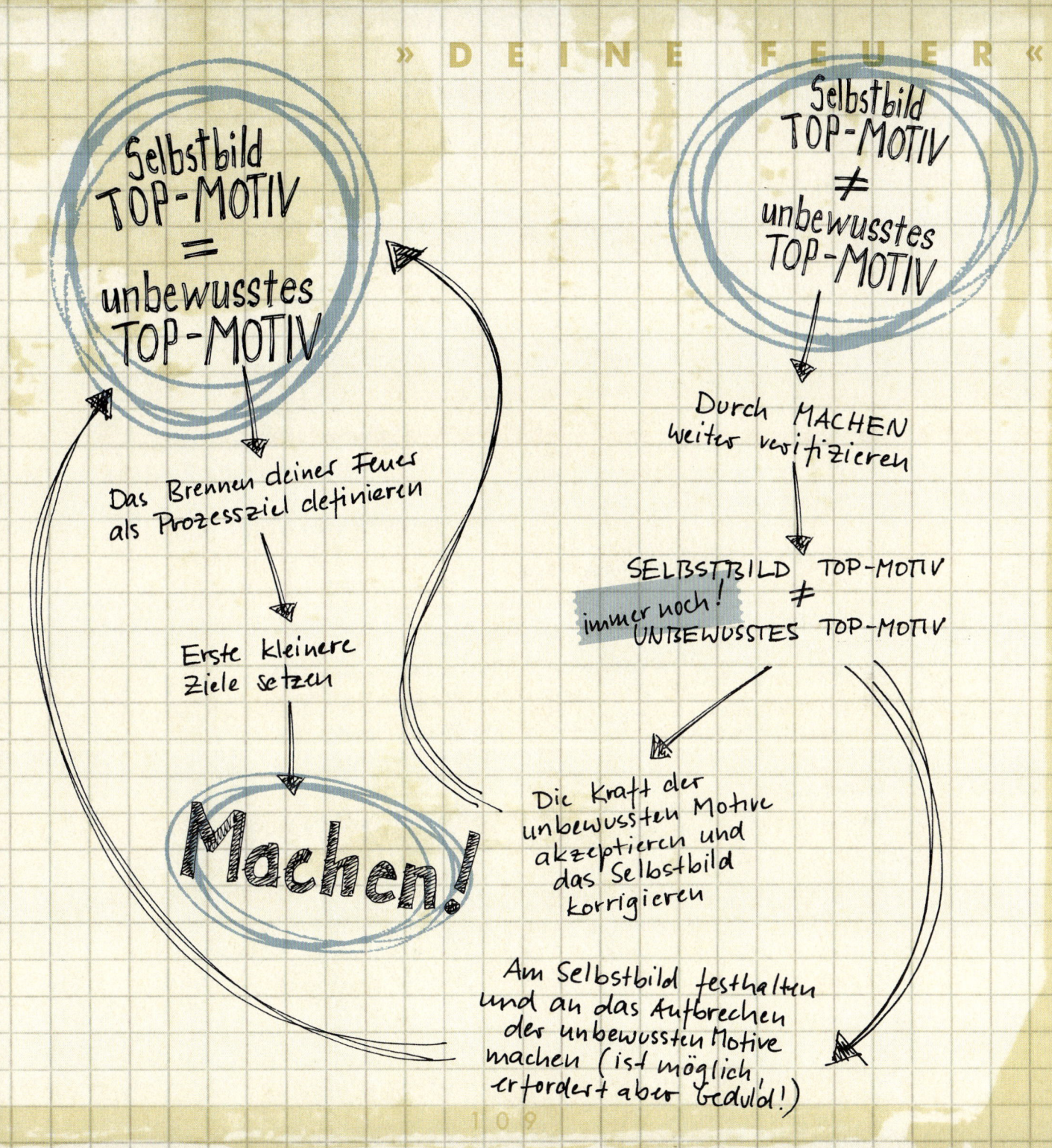

KAPITEL 3

John Steinbeck at his best:

Auch wenn wir extrem von unseren frühen Erfahrungen und vom Weltbild unserer Eltern geprägt sind, auch wenn wir tatsächlich noch das Erbe unserer Vorfahren in uns tragen – wir sind trotzdem nicht verdammt dazu, so zu bleiben, wie wir sind. Es ist bequem zu sagen: „Das habe ich halt in mir. Das ist mein persönliches Schicksal." Aber wir haben eine Wahl. Wahrscheinlich hat das nie jemand kraftvoller illustriert als John Steinbeck in dem Jahrhundertroman Jenseits von Eden.

In dieser faszinierenden Saga zweier Familien beschreibt der chinesische Diener Lee das hebräische Wort timshel während eines Gesprächs über die korrekte Übersetzung des Alten Testaments als wichtigstes Wort der Welt. Er erläutert, dass es eben nicht „du sollst" (thou shalt) bedeutet, sondern „du kannst" (thou mayest). Es geht dabei konkret um den meist falsch übersetzten Satz „Du sollst über die Sünde siegen", der laut Lee aber eigentlich ein „Du kannst über die Sünde siegen" ist. Was für ein Unterschied! „Das bedeutet, dass der Weg offen ist. (...) Das macht den Menschen groß. Er kann seine Route wählen, sich durchkämpfen und gewinnen."

Für dich heißt das: Du kannst dich frei machen von Altlasten und den unbewussten Motiven, die dein Verhalten bislang bestimmt haben. Aber selbst wenn du dich dafür entscheidest, dein Selbstbild zu korrigieren und die unbewussten Motive bewusst zu akzeptieren (was völlig in Ordnung ist!), dann ist das DEINE Entscheidung. „Was immer du tust, du bist es, der es tut", um es noch einmal mit den Worten von John Steinbeck zu sagen.

» DEINE FEUER «

Wir wachsen dann, wenn es schwirig wird. Unser Verhalten bei außergewöhnlichen Herausforderungen liefert uns unglaublich kostbare Informationen.

> **Wenn du dich außergewöhnlichen Herausforderungen stellst, entscheidest du, dass diese Informationen wichtiger sind als deine Angst.**

Du hast dich jetzt intensiv mit deinem von unbewussten Motiven gesteuerten Verhalten und deiner Leidenschaft, also den Feuern, die in dir brennen, auseinandergesetzt. Du hast darauf basierend möglicherweise eine Vorstellung davon bekommen, was deine nächsten Schritte sein können. Du bist bereit, deinen Weg anzutreten. „Dein Weg", genau diese Überschrift trägt das Kapitel, in dem du ab Seite 132 konkrete Inspiration zum Machen findest. Vorher geht es im Kapitel „Status quo" aber noch einmal um dein aktuelles Umfeld, deinen Job und die Dinge, die du tagtäglich tust – eine schöne Gelegenheit, noch deutlicher zu sehen, was du verändern solltest.

Das Kapitel „Deine Feuer", das hier zu Ende geht, ist so wichtig, weil es an den Kern deines Ichs heranführt. Ein guter Marketingberater fragt seinen Kunden ja auch nicht nur, was der denn so an Ideen für sein Marketing hat. Nein, er arbeitet erst einmal gemeinsam mit dem Kunden die Identität der Marke heraus, die DNA, wie es oft heißt. Daraus leiten sich dann entsprechende Maßnahmen ab. Immer im Einklang mit der Identität. Alles andere ist uneffektiv und schlecht investiert.

Einem Baum, dessen Blätter nicht frisch aussehen, wirst du nicht helfen, indem du sie mit Wasser besprühst, abzupfst oder sonst was mit ihnen veranstaltest – du musst an die Wurzeln des Baumes heran. Mit ihnen hast du dich jetzt beschäftigt, und darauf darfst du stolz sein.

KAPITEL 3

Der ehemalige Boxweltmeister im Schwergewicht Wladimir Klitschko ist ein gutes Beispiel für jemanden, der sowohl bewusst als auch unbewusst (und damit positiv zielorientiert) stark vom Leistungsmotiv angetrieben wird.

»DEINE FEUER«

ICH SPRACH MIT WLADIMIR VOR EINIGER ZEIT IN HAMBURG ÜBER HERAUSFORDERUNGEN – UND ER ERZÄHLTE MIR, DASS ER SICH IMMER WIEDER AUS FREIEN STÜCKEN IN STRESSSITUATIONEN BRINGT, UM MEHR ÜBER SICH ZU ERFAHREN UND AN IHNEN ZU WACHSEN.

Das körperliche Kräftemessen begleitet Waldimir schon seit er ein kleines Kind war. Schließlich war da immer sein großer Bruder Vitali (ebenfalls ehemaliger Weltmeister im Schwergewicht und heute Bürgermeister von Kiew), mit dem er sich auf die verschiedensten Arten und Weisen im spielerischen Wettkampf auseinandersetzte. Das hat ihn früh zu immer größeren Leistungen gepusht und ihn ermutigt, neue Herausforderungen anzunehmen. Als Profiboxer hat Wladimir diese Tradition der immer neuen Reize für das eigene System gezielt weitergeführt. Sich in der Vorbereitung auf einen wichtigen Kampf in körperlich aber auch mental belastende Situationen begeben, die er so bis dahin noch nicht erlebt hatte. Seine Performance in diesen Situationen rief oft genug ein Gefühl des Stolzes in ihm hervor, manchmal aber auch Enttäuschung. Das Wichtigste an diesen Situationen ist für Wladimir die Chance, zu lernen und zu wachsen, mehr über sich selbst zu erfahren.

Sicher hat diese Bereitschaft, auch den eigenen Schwächen ins Auge zu sehen, viel dazu beigetragen, dass Wladimir die Kraft entwickelte, über Jahre hinweg auf allerhöchstem Niveau zu boxen und gleichzeitig ein zufriedenes, ausgeglichenes Leben zu führen. Denn Wladimir ist tatsächlich einer, für den wahre Stärke auch beinhaltet, mal schwach sein zu dürfen. Mal nicht der Macho und Haudrauf sein zu müssen. Nicht immer nur hart, sondern auch mal weich. Einer, der fein damit ist und viel Energie daraus schöpft, nicht immer jedem zeigen zu müssen, was für ein Alphatier er ist. Es tut gut zu wissen, dass das auch für Wladimir ein Entwicklungsprozess war – am Anfang seiner Karriere dachte er gar nicht daran, auch mal den Fuß vom Gas zu nehmen, und war überzeugt davon, er könne den Erfolg erzwingen. Bis irgendwann die Erkenntnis kam, dass Rhythmus sein A und O ist und es im Sport wie im Leben tatsächlich mehr Energie freisetzen kann, wenn du weniger Druck machst.

Ich wünsche Wladimir, dass er sich mit dieser Einstellung den Weltmeistertitel noch einmal zurückholt. Aber selbst wenn nicht, dann hat der Wahlhamburger alles richtiggemacht. Respekt, min Jung!

DAS DRITTE

Ich brenne darauf, meine Feuer neu zu entdecken.

Ich will wissen, was mir wirklich wichtig ist.

Ich bin bereit, durch Höhen und Tiefen zu gehen.

Ich bin dankbar für außergewöhnliche Situationen.

Ich möchte neue Erfahrungen machen.

Ich stelle mich meinen Ängsten.

Ich zieh Kraft aus meinen Wurzeln.

KAPITEL 4

- Hand aufs Herz
- Das Tages-Soll
- Am Mischpult
- Gut gelaufen
- Gehen oder bleiben?

KAPITEL 4

Hand aufs Herz

* Wo stehst du im Moment? Bewegst du dich überhaupt in einem Umfeld, das deinen Weg zum besten Ich unterstützt? Wie sieht dein Alltag aus?

In diesem Kapitel findest du Fragen und Skalen, mit deren Hilfe du den Status quo deines Lebens in verschiedenen Bereichen illustrieren kannst. Es geht darum, einfach mal sichtbar zu machen, wie du im Moment unterwegs bist – bevor es dann im nächsten Kapitel darum geht, ganz konkret Dinge anzupacken und zu ändern.

Die große Herausforderung bei der Selbsteinschätzung über Fragebögen usw. ist, möglichst objektiv zu bleiben. Ganz wird uns das nie gelingen. Alles, was wir über uns und andere denken, ist subjektiv gefärbt. Logisch. Wir sehen durch unsere ganz eigene Brille auf die Welt und damit auch auf unser Verhalten. Oder anders:

> **Von der Landkarte, mit der wir durch die Gegend laufen, gibt es nur ein einziges Exemplar.**

Genau genommen hat jeder Mensch, der auf diesem Planeten herumläuft, eine eigene Landkarte von der Welt. Wissenschaftler, deren ganze Forschung manchmal an Fragebögen hängt, verzweifeln an dieser fehlenden Objektivität. Du solltest dich von ihr nicht verrückt machen lassen. Versuche einfach, dein Bestes zu geben und möglichst reflektiert vorzugehen, um brauchbare Ergebnisse zu erhalten.

Sieh dir als Erstes einen ganz normalen Tag in deinem Leben an. Wir haben oft die Vorstellung, dass diese normalen Tage gar nicht unser eigentliches Leben sind. Dass unser Leben am Wochenende stattfindet oder im Urlaub oder irgendwann, wenn diese normalen Tage vorbei sind und die „richtigen" kommen, die genau so aussehen, wie wir sie uns immer erträumt haben. Aber so ist es nicht.

»STATUS QUO«

**Dein Alltag ist dein Leben.
Zumindest ein großer Teil davon.**

Wenn du angestellt bist, mit 28 Tagen Urlaub im Jahr, dann wirst du am Ende des Jahres 226 Tage gearbeitet haben (am Beispiel des Bundeslandes Hamburg im Jahr 2016). Das sind 62 Prozent der Tage, die das Jahr hat. Vielleicht machst du aber auch unbezahlte Überstunden, bist selbstständig und nimmst deshalb weniger Urlaub oder kümmerst dich um Kinder und Haushalt, sodass sich der Alltagsprozentsatz noch erhöht. In der Gestaltung des alltäglichen Lebens im Sinne unseres besten Ichs liegt also ein riesiges Potenzial.

Auf der folgenden Doppelseite hast du die Möglichkeit, deinen Tagesablauf zu skizzieren – einmal so, wie er momentan ist, und dann als Wunschkonzert. Beim Wunschkonzert denke radikal! Gib dich nicht mit ein paar kleinen Justierungen zufrieden. Wie würde dein Tag aussehen, wenn du alles umschmeißen könntest? Mit hoher Wahrscheinlichkeit werden die beiden Tagesabläufe nicht deckungsgleich sein. Lass erst einmal beide auf dich wirken. Und wenn du dieses Buch durchgearbeitet hast (oder natürlich wann immer du zwischendurch das Bedürfnis hast), dann nimm sie dir noch einmal zur Hand. Du ahnst vielleicht schon, welche Fragen du dir dann stellen solltest: Wie komme ich nun von A nach B? Und warum eigentlich nicht?

KAPITEL 4

✳ Das Tages-Soll

So sieht ein normaler Wochentag bei mir aus ...

»STATUS QUO«

So sieht mein Wunsch-
wochentag aus ...

KAPITEL 4

Am Mischpult

 Wie zufrieden bist du? Denk daran: Hand aufs Herz. Rechts findest du zu verschiedenen Lebensbereichen jeweils eine Skala, die in zehn Einheiten von „sehr unzufrieden" bis „sehr zufrieden" reicht. Markiere jeweils den Punkt – gerne fließend, also auch zwischen den Hilfsmarkierungen –, an dem deine momentane Zufriedenheit steht.

Die hier aufgelisteten Lebensbereiche sind natürlich weder trennscharf noch vollständig, denn das Leben lässt sich nun mal nicht kategorisieren. Trotzdem ermöglichen dir die Skalen, einen visuellen Eindruck davon zu bekommen, wo deine größten Baustellen liegen und wo es schon richtig gut läuft. Füge gerne ganz unten den Lebensbereich hinzu, der dir noch fehlt, der dir besonders wichtig ist oder den du noch einmal bewusst von einem anderen abgrenzen möchtest.

So, und wenn du in allen Skalen deine Markierung gesetzt und einen Überblick gewonnen hast, dann wird es erst richtig interessant. Denn jetzt kannst du mit den einzelnen Skalen gedanklich spielen wie mit den Reglern eines Mischpults. Was würde passieren, wenn du einen Regler ganz aufziehst? Wie wäre der Gesamtoutput dann? Und müsstest du dann möglicherweise einen anderen erst einmal zwangsweise runterziehen, damit es keine Rückkopplung gibt, zumindest so lange, bis du einen besseren Verstärker angeschlossen hast?

Eine andere, noch umsetzungsorientiertere Übung ist der Einsatz von Fragen wie diesen: Was müsste passieren, damit ich zum Beispiel im Bereich „Freunde" von einer 5 auf eine 6 komme? Woran könnte ich es festmachen, wenn ich in Sachen Selbstverwirklichung statt einer 7 auf einer 8 stehen würde? Hier solltest du wirklich die kleinen Schritte betrachten. Oft wird so auf einmal schon greifbar, was konkret passieren müsste, um nach vorne zu kommen.

Probiere es aus. Du kannst diese Übersicht immer wieder rausholen und neue Markierungen setzen. Am besten in einer anderen Farbe. Wenn du die Markierungen eines Datums dann in der Vertikalen verbindest, siehst du anhand der verschiedenen Farbkurven noch besser, was sich verändert hat.

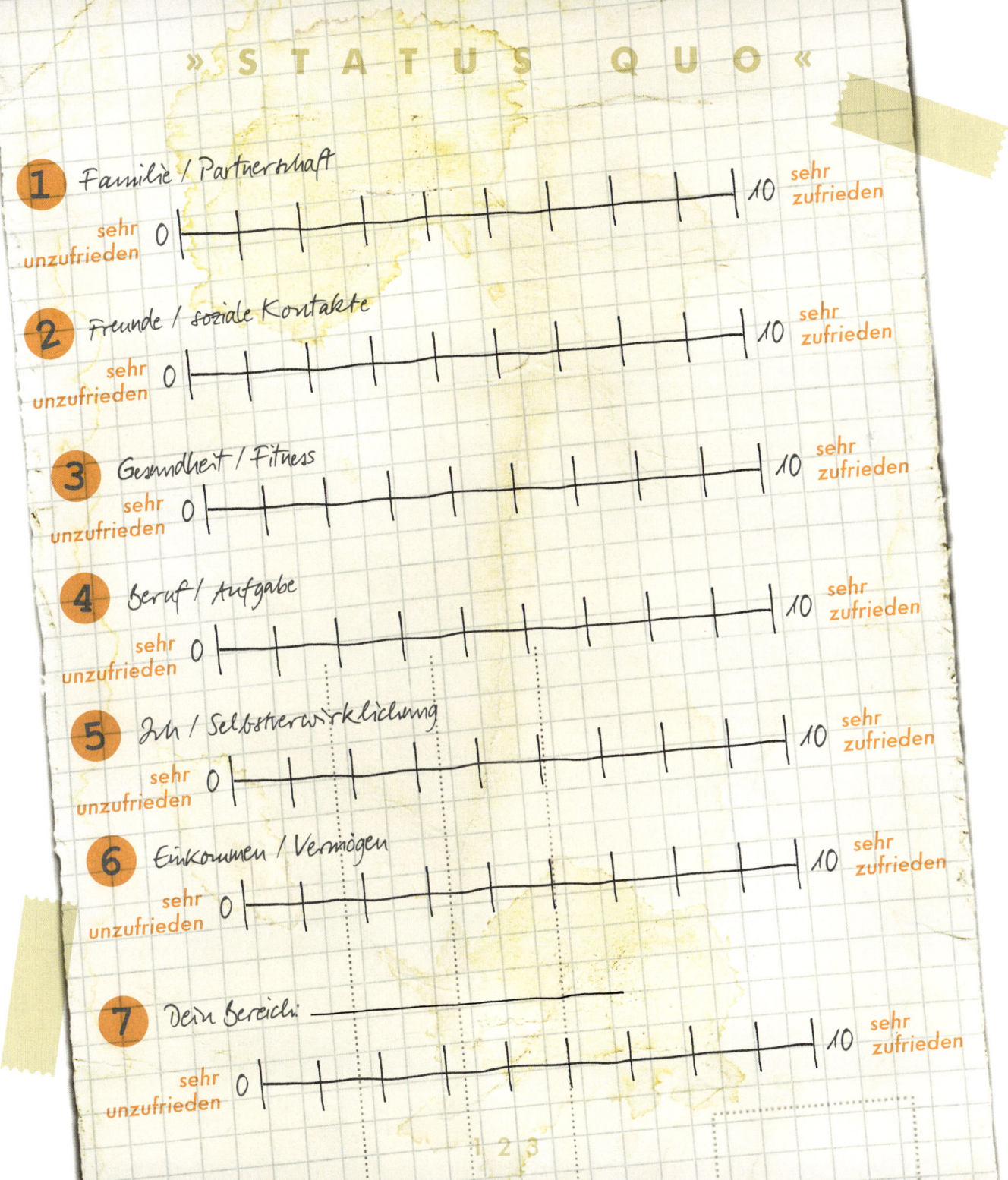

KAPITEL 4

»STATUS QUO«

Ich finde, man sitzt insgesamt viel zu wenig am Meer.
UNBEKANNT

KAPITEL 4

Gut gelaufen

※ Egal was du bis zum heutigen Tag in deinem Leben getan hast, einiges davon hat gut funktioniert. Auf dieser Doppelseite kannst du deine eigenen kleinen (oder natürlich gerne auch großen!) Erfolgsgeschichten beschreiben. Blicke intensiv in deine Erinnerungen hinein, aber nicht nur auf Zahlen und Ergebnisziele, sondern zum Beispiel auch auf Tätigkeiten, in denen du aufgegangen bist. Am Ende wirst du viel mehr Stärken auf dieser Seite sehen, als du es für möglich gehalten hast. Sie werden dir Schwung geben.

Was hast du erreicht?

Was hat gut geklappt?

»STATUS QUO«

Was kannst du?

Beschreibe eine eigene Erfolgsgeschichte (die, welche dir persönlich am wichtigsten ist) kurz in Worten!

Schreibe fünf Stärken von dir auf!

KAPITEL 4

Gehen oder bleiben?

* Zugegeben: Die Frage in der Überschrift ließe sich, mit Blick auf dein bestes Ich, wahrscheinlich auf viele Ebenen deines Lebens anwenden. Sie soll hier aber nicht auf deine Beziehung, deine Wohnung oder die Mitgliedschaft in einem Verein gemünzt sein, sondern nur auf deine berufliche Situation (auch wenn du diesen Test tatsächlich fast 1:1 auch auf andere Lebensbereiche, einschließlich den zuvor genannten, anwenden kannst).

Solltest du unsicher sein, wie gut dein Job dir tut, kannst du mithilfe der zehn Aussagenpaare auf dieser Doppelseite etwas mehr Klarheit bekommen – oder Bestätigung. Vielleicht fragst du dich, wo bei diesen Aussagen das Finanzielle bleibt. Gegenfrage: Ist es wirklich so entscheidend für dich? Wenn ja, okay, dann lasse es in das Aussagenpaar zum Thema Wertschätzung bzw. Anerkennung mit einfließen.

Ich habe morgens schon keine Lust, zur Arbeit zu gehen.		Ich freue mich morgens schon auf den Arbeitstag.
Ich hasse meinen Job.		Ich liebe meinen Job.
Ich langweile mich.		Ich finde ständig spannende Aufgaben.
Ich werde nicht wertgeschätzt.		Ich erfahre viel Anerkennung.
Das Arbeitsumfeld raubt mir Energie.		Ich ziehe Kraft aus meinem Arbeitsumfeld.

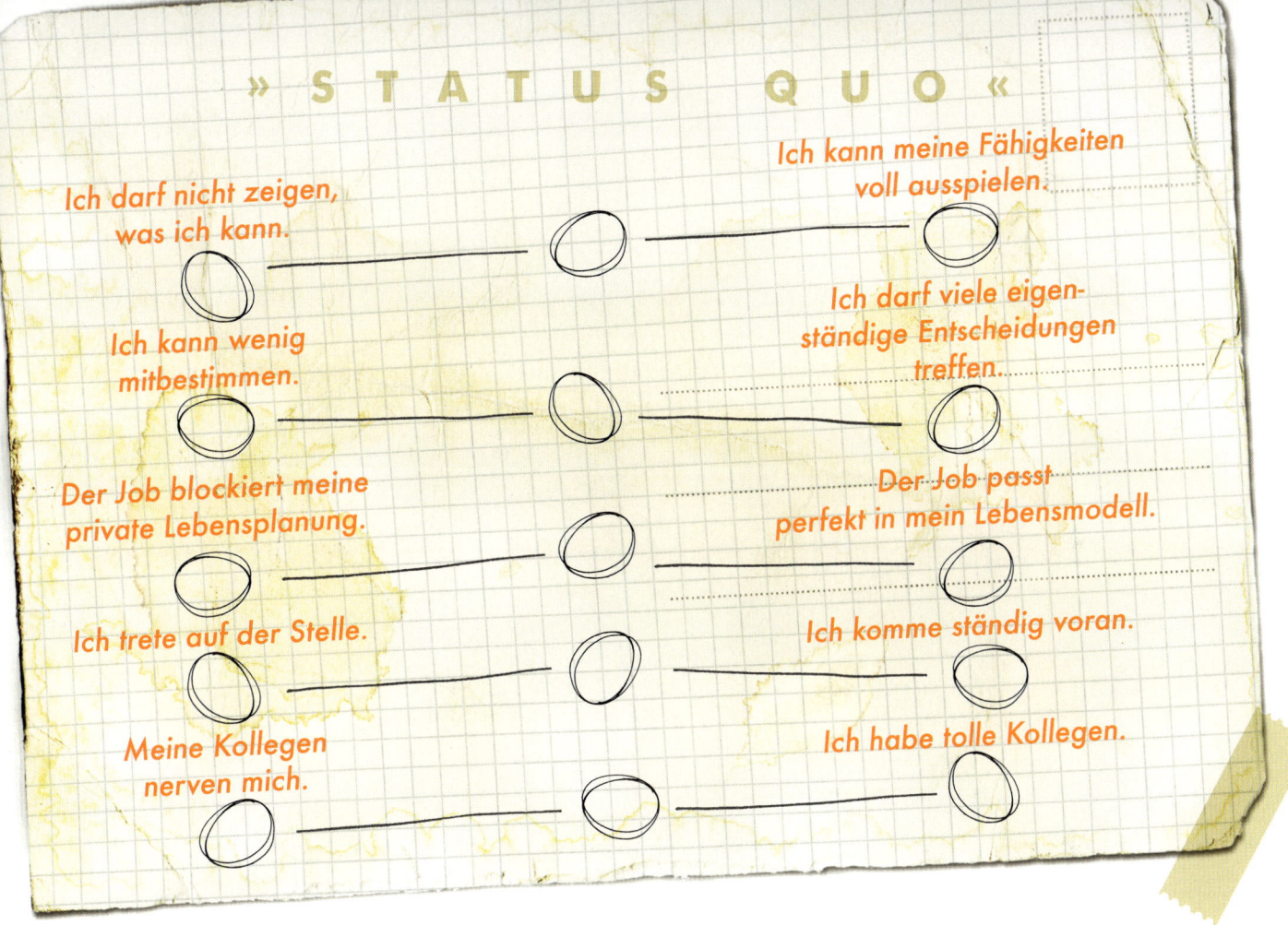

Auswertung:

Schon wenn du nur einmal die Negativaussage angekreuzt hast, kann das ein guter Grund sein, über eine neue berufliche Herausforderung nachzudenken. Die Frage ist, wie groß deine Bereitschaft ist, an diesem Punkt aktiv etwas zu verändern. Rüstzeug dafür wirst du im nächsten Kapitel ausreichend bekommen. Ab vier Kreuzchen auf der Negativseite ist deine berufliche Situation wirklich schwierig. Du kannst natürlich immer noch aktiv für eine Verbesserung der Umstände sorgen, solltest dich aber ganz eindringlich fragen: Ist das hier das richtige Umfeld, um mein Bestes zu bringen? Wie gesagt: Tests wie dieser vermitteln meist nur ein ganz grobes Bild, das der Einordnung bedarf, um tatsächlich aussagekräftig zu werden. Lass deine Kreuzchen auf dich wirken und frage dich wieder bei jeder Negativaussage, die du angekreuzt hast: „Was könnte ICH tun, damit sich das ändert?"

KAPITEL 4

»STATUS QUO«

Was ich heute bin, ist ein Hinweis auf das, was ich gelernt habe, aber nicht auf das, was mein Potenzial ist.

VIRGINIA SATIR

KAPITEL 5

»DEIN WEG

- Vom Wollen zum Machen
- Motive zu Zielen
- Dies oder das?
- Was jetzt zählt
- Stimmungskanonen
- Das Geheimnis des Kontrasts
- Wenn, dann
- In deinem Element
- In echt nach vorne
- Raus aus der Mühle
- Im Fluss
- Sieh es doch mal so
- Die Kraft aus deinem Körper
- Das vierte Manifest

KAPITEL 5

Vom Wollen zum Machen

 Dein Weg ist so individuell, dass ihn dir niemand skizzieren oder gar zeigen kann. In diesem Kapitel findest du aber jede Menge Inspirationen, Tipps, kleine Aufgaben, Beispiele und Modelle, die dir beim Erkunden deines ganz eigenen Weges als Werkzeuge nützlich sein können. Sie werden dir helfen, deine Feuer sichtbar zu machen. Dich an ihnen zu wärmen. Sie stolz vor dir herzutragen. Gleich im ersten Absatz des ersten Kapitels dieses Buches steht der Satz: „Motiviert sind wir, keine Frage, aber wir kriegen diese Motivation im Alltag nicht umgesetzt." Das ist tatsächlich so, denn der Begriff Motivation oder Motivierung steht erst einmal nur für das Vorhandensein eines Motivs, aus dem sich Ziele ergeben. Ob diese Motive und Ziele bewusst oder unbewusst, fremdgesteuert oder selbstbestimmt entstehen, spielt bei der Begriffsdefinition keine Rolle. Auch nicht, ob wir überhaupt handeln oder etwas erreichen.

Wir haben Motive, also sind wir motiviert.

Streng genommen benutzen wir den Begriff Motivation im alltäglichen Sprachgebrauch also falsch. „Mir fehlt einfach die Motivation ..." „Was für eine unmotivierte Person ..." – so etwas stimmt nur selten. Wenn es dir nicht gelingt, so ins Handeln zu kommen, dass du deine Ziele erreichst, dann liegt das nicht daran, dass du kein Motiv hast, sondern hochstwahrscheinlich daran, dass du eines als besonders relevant ansiehst, das in deiner inneren Motivhierarchie gar nicht ganz oben steht.

Es gibt aber noch andere Gründe, die dich daran hindern können, die zum Handeln nötige Energie zu rekrutieren – zum Beispiel ungünstige Zielformulierungen (trotz passender Motivstruktur), ein bremsendes Umfeld oder die Tendenz zum Abgelenktsein.

Der Prozess, der von den Motiven und Zielen zum Handeln führt, wird in der Psychologie als Volition bezeichnet. Diese Volition meinen wir in der Regel, wenn wir von Motivation sprechen. In dieser Phase geht es um die Fragen: Wird aus einem Motiv ein Ziel und eine Handlung? Gelingt es mir, meine Handlungsbereitschaft in Ergebnisse umzusetzen? Denn selbst wenn deine Motive eindeutig sind, ist das Machen trotzdem kein Selbstläufer. Oder anders: Wollen allein reicht einfach nicht.

» DEIN WEG «

Es ist die Umsetzungsstärke, die deine Power auf die Straße bringt.

Du hast eine gute Chance, deine Vorhaben umzusetzen, wenn du nicht nur deine Motive in Einklang gebracht hast (das ist die unbedingt notwendige Voraussetzung!), sondern es dir auch noch gelingt, Anstrengung und Aufmerksamkeit an die jeweilige Aufgabe anzupassen.

Auf der nächsten Seite findest du eine Übersicht zu den verschiedenen Phasen der Volition und des Machens generell, die die Psychologen Heinz Heckhausen und Peter Max Gollwitzer im sogenannten Rubikon-Modell beschrieben haben. Dort erfährst du auch, was es bedeutet, wenn es heißt: „Der Rubikon ist überschritten."

KAPITEL 5

DAS RUBIKON-MODELL DER HANDLUNGSPHASEN

Die Metamorphose eines Wunsches zu einem Ziel wurde von den Psychologen Heckhausen und Gollitzer als Überschreiten des Rubikons bezeichnet. Der Rubikon ist eigentlich ein Fluss, der früher die Grenze zwischen Italien und der römischen Provinz Gallia Cisalpina bildete. Für den Feldherrn Julius Caesar bedeutete die Überquerung des Rubikons, dass es nun „kein Zurück" mehr gab und es unweigerlich in den Bürgerkrieg ging. Heckhausen und Gollitzer empfehlen, in der präaktionalen Phase Pläne zu entwickeln, wann, wo und wie man eine zielfördernde Handlung durchführen möchte. Schwierigkeiten sind ihrer Meinung nach vor allem beim Initiieren von Handlungen zu erwarten. Oft werden sie aufgeschoben, oder günstige Gelegenheiten werden übersehen.

MOTIVATION prädezisional	VOLITIONAL präaktional	VOLITIONAL aktional	MOTIVATION postaktional
ABWÄGEN	PLANEN	HANDELN	BEWERTEN

Intentionsbildung → „rubikon" → Intentionsinitiierung → Intentionsrealisierung → Intentionsdeaktivierung

»DEIN WEG«

Motive zu Zielen

 Der Weg, der vor dir liegt, ist keine Autobahn und auch keine mit Verkehrsschildern gespickte Straße. Er ist noch nicht einmal ein Trampelpfad. Dein Weg existiert nicht als Spur, der du folgen kannst.

Dein Weg entsteht dadurch, dass du ihn gehst.

Was für eine Chance! Du musst in niemands Fußstapfen treten. Du kannst eine ganz neue Route eröffnen. So wie Bergsteiger es bei einer Erstbegehung tun. Um die Sache mit den Zielen richtig zu verstehen, stell dir diese Situation einmal ganz bildlich vor: Ein Bergsteiger steht am Fuße eines Gipfels, den er – als Erster – durch die Nordwand erklimmen will. Gleichzeitig macht sich auf der anderen Seite ein Konkurrent auf, um den Gipfel durch die Südwand zu erreichen. Das Ziel unseres Bergsteigers ist es, den Gipfel als Erster zu erreichen. Es ist ein Ergebnisziel. Über diesem Ergebnisziel steht aber etwas, das dieses Ziel in einen größeren Zusammenhang stellt und sich aus den Motiven unseres Bergsteigers ergibt – eine Art Leitstern: Der Bergsteiger will allen zeigen, dass man Grenzen verschieben kann. Er will ein Vorbild für andere sein. Dabei spielt auch sein Bedürfnis nach Anerkennung eine wichtige Rolle. Wie aber gehen Bergsteiger vor, die als Erste durch eine schwierige Wand zu einem Gipfel vordringen wollen? Sie versuchen, aus einer Entfernung, die ihnen eine umfassende Übersicht ermöglicht, eine Linie in der Wand zu lesen. Sie betrachten Strukturen und Gefälle, um sich einen groben Plan für den Aufstieg zurechtzulegen. In der Wand selbst geht es dann vor allem darum, gut zu klettern, sich die Kräfte einzuteilen, die eigenen Fähigkeiten einschätzen zu können und flexibel zu sein, bereit und fähig, den ursprünglichen Plan zu ändern, wenn es notwendig ist. „Gut klettern", also zum Beispiel Finger und Füße klug zu setzen und technisch sauber zu bleiben, um möglichst wenig Energie zu verpulvern, ist ein Handlungsziel. Ein Handlungsziel beschreibt, wie ein Ergebnisziel erreicht werden soll.

KAPITEL 5

Handlungsziele können von dem Handelnden selbst – und nur von ihm – beeinflusst werden. Wie gut unser Bergsteiger unter den gegebenen Voraussetzungen klettert, hängt ganz allein von ihm selbst ab. Ob er dagegen tatsächlich sein Ergebnisziel erreicht, also vor dem Konkurrenten auf dem Gipfel ist, das wird vor allem von Faktoren bedingt, die außerhalb seines Einflusses liegen, zum Beispiel vom Wetter auf der anderen Bergseite und den Fähigkeiten des anderen Bergsteigers.
Ergebnisziele können also Anlässe zum Handeln sein. Handlungsziele helfen dabei, den Fokus auf den Moment zu richten: Was kann ich jetzt tun, um diese Tätigkeit besser und effektiver auszuführen?

> **Ständig das Ergebnis im Kopf zu haben, ist kontraproduktiv. Es fördert die Nervosität und Versagensängste.**

Aber die Chance, deine Ergebnisziele zu erreichen, ist viel größer, wenn du deine Handlungsziele erfüllst. Und dafür lassen sich konkrete Maßnahmen ergreifen. Unser Bergsteiger könnte zum Beispiel durch gezieltes Training seine Fußarbeit verbessern oder durch mentales Training das Fokussieren üben.
Das macht auch deutlich: Handlungsziele wirken nachhaltig. Mit jedem erreichten Handlungsziel wirst du besser in dem, was du tust. In dem Moment, in dem unser Bergsteiger den Gipfel als Erster erreicht, verpufft dagegen das Ergebnisziel. Sein Erreichen hat zwar eine Funktion und löst im Licht des Leitsterns (Grenzen verschieben, inspirieren, Anerkennung bekommen) ein bestimmtes Gefühl aus (zum Beispiel Stolz), aber das Ergebnisziel selbst wird im Moment des Erreichens bedeutungslos.
Viele Menschen haben das Ziel abzunehmen, oft geht es um eine ganz konkrete Anzahl an Kilos. Das ist ein Ergebnisziel. Die entscheidende Frage ist nun: Welchem Leitstern entspringt dieses Ergebnisziel? Konkret: Warum will diese Person fünf Kilo verlieren? Was ist ihr möglich, wenn sie dieses Ziel erreicht hat? Hier geht es um die wahren Bedürfnisse und Motive, mit denen wir uns in den vorherigen Kapiteln ausführlich auseinandergesetzt haben. Schon das Erarbeiten des Leitsterns reduziert oft den enormen Druck,

»DEIN WEG«

der von dem Ergebnisziel – unbedingt fünf Kilo abnehmen zu müssen, um glücklich zu sein – ausgeht (es könnte sich unter anderem herausstellen, dass dieses Ziel ein fremdbestimmtes ist).

Handlungsziele lenken die Aufmerksamkeit noch mehr weg vom Ergebnisziel hin auf das Tun. Wenn ich fünf Kilo abnehmen will, dann könnte ein Handlungsziel sein, mich mit Freude zu bewegen, also eine Sportart zu finden, bei der ich die Zeit vergesse und nicht schon nach zehn Minuten ständig auf die Uhr gucke und hoffe, dass ich schnellstmöglich durch bin mit diesem notwendigen Übel. Wenn ich eine Sportart gefunden habe, könnte ich neue Handlungsziele definieren, zum Beispiel meine Bewegungsabläufe effektiver zu gestalten, damit die Freude an der Bewegung noch weiter steigt.

Ein weiteres Beispiel: Du möchtest einen Laden eröffnen. Leitstern: Selbstständig und frei entscheiden und leben zu können. Ergebnisziel: Innerhalb des ersten Geschäftsjahres den Break-even erreichen. Deine Chance, dieses Ergebnisziel zu erreichen, wird deutlich größer, wenn du nun Handlungsziele definierst und den Fokus zum Beispiel darauf lenkst, so viel wie möglich über die Wünsche der Kunden, die deinen Laden betreten, zu erfahren.

Mit konkreten Handlungszielen wirst du dein Ergebnisziel eher erreichen. Es gelingt dir quasi nebenher, als logische Konsequenz. Wenn du das verinnerlichst, bist du bereits auf einem sehr erfolgreichen Weg.

Handlungsziele erhöhen deine Fähigkeiten. Und die bleiben, auch nach dem Erreichen eines Ergebnisziels.

Dadurch, dass du deine Handlungsziele erreichst, entwickelst du dich weiter. Die Fähigkeiten, die du erworben hast, um die Handlungsziele zu erreichen, werden zu einem Teil deiner Persönlichkeit.

Wenn du ein Ergebnisziel nicht erreichst, ist das kein Weltuntergang. Es ist gut möglich, dass du auf die entscheidenden Faktoren gar kein Einfluss hattest (siehe das Wetter auf der anderen Seite des Berges beim Beispiel des Bergsteigers). Wie gesagt: Ergebnisziele eignen sich durchaus, um Aktivitäten zu initiieren. Aber: Maßgeblich für deine Entwicklung sind Handlungsziele.

KAPITEL 5

Wie schon erwähnt: Voraussetzung für das erfolgreiche Umsetzen von Handlungszielen ist eine gewisse eigene Kontrolle über die Tätigkeit. Du musst selbstbestimmt handeln können. Nur dann wird es auch gelingen, einen Erfolg am Ende als deinen Erfolg wahrzunehmen. Außerdem brauchst du natürlich eine gewisse Grundkompetenz, die du dir möglicherweise erst einmal erarbeiten musst. Ein Bergsteiger würde auch nicht in eine Wand einsteigen, wenn er kein Bergsteiger wäre.

> **Wenn du vom Deich kommst und auf einen Gipfel willst, ist ein Grundkurs im Klettern sinnvoll.**

Fazit dieser Differenzierung: Definiere ruhig Ergebnisziele, die deine Feuer zum Lodern bringen. Definiere aber mit genauso großem Einsatz wertvolle Handlungsziele. Während du machst, fokussiere dich vor allem auf die Handlungsziele. Du kannst noch so große Ergebnisziele haben – wenn sie nicht von dir selbst kommen und sowohl in deine Feuer als auch in konkrete Handlungsziele eingebunden sind, wirst du dich sehr schwertun, sie zu erreichen.

REMINDER: Kreative Prozesse haben zu Beginn oft überhaupt kein konkretes Ergebnisziel. In ihnen geht es erst einmal nur um das Machen und Ausprobieren. Erst nach und nach schälen sich dann klare und weniger klare Ergebnisziele heraus, sodass zum Ende des Prozesses ein Produkt entstehen kann. Auch diese Vorgehensweise kann dich beflügeln, etwa wenn dir noch immer unklar ist, was dir wirklich wichtig ist.

KAPITEL 5

Entweder wir finden einen Weg oder wir machen einen.

HANNIBAL

»DEIN WEG«

KAPITEL 5

Dies oder das?

Wenn wir uns über unsere Wünsche und Ziele Gedanken machen, dann betrachten wir sie nicht isoliert, sondern wägen sie gegeneinander ab: Wie wahrscheinlich ist es, dass wir das Ziel erreichen? Was haben wir davon? Welches andere Ziel müssten wir für dieses eine vielleicht aufgeben? In der Regel melden sich da viele Stimmen in uns. Der Psychologe Friedemann Schulz von Thun hat in diesem Zusammenhang den Begriff vom „inneren Team" geprägt. Gelingt es uns, alle Meinungen anzuhören und eine Mehrheitsentscheidung zu finden („innere Demokratie" oder auch Selbstregulierung), so ist das in den meisten Fällen zielführender, als den Großteil der Stimmen einfach zu unterdrücken („innere Diktatur" oder auch Selbstkontrolle). Ausnahmen sind Situationen, in denen ein Ergebnisziel unbedingt erreicht werden muss, um ein höheres wertvolles Ziel zu erreichen.

Gerade in Stresssituationen zeigt sich, wie gut es uns gelingt, Selbstregulation und Selbstkontrolle auszubalancieren. Die große Herausforderung ist, den Zugang zum Selbst nicht zu verlieren, wenn es eng wird. Diese Herausforderung müssen wir annehmen, indem wir uns ins Ungewisse stürzen und üben. Immer und immer wieder. Bereit, den nächsten Schritt nach vorne zu machen und zu wachsen.

In Sachen Wahrscheinlichkeitsrechnung gehen wir bei der Zielfindung trotz aller guter Absichten übrigens nicht sehr ökonomisch vor. Unsere emotionalen Tendenzen, unsere Intuition und die gesamte Maschinerie im Unterbewusstsein bewerten die Wahrscheinlichkeit eines Erfolgs immer mit. Studien haben zum Beispiel gezeigt, dass hohe Wahrscheinlichkeiten für uns gefühlt noch größer werden und niedrige Wahrscheinlichkeiten noch kleiner. Könnte man Erfolgswahrscheinlichkeiten im echten Leben überhaupt so genau benennen, wäre eine 75-prozentige Chance auf Erfolg für uns schon fast ein Selbstläufer, während wir eine 25-prozentige lieber gar nicht erst in Erwägung ziehen. Das birgt zwei wichtige Erkenntnisse:

Erstens: Nicht zu früh feiern.
Zweitens: Auch geringe Wahrscheinlichkeiten sorgfältig prüfen.

» DEIN WEG «

Je fester wir an ein Ziel gebunden sind, also je mehr es unser eigenes und an unsere Feuer geknüpft ist, desto länger werden wir es verfolgen. Wir sollten ein solch wertvolles Ziel vor allem ohne Wenn und Aber verfolgen. Ständig hin- und herzuschwanken, ist nicht effektiv.

Wenn sich allerdings herausstellt, dass dieses Ziel unerreichbar ist oder du es nur mit einem unverhältnismäßig hohen Aufwand erreichen kannst, dann gib es genauso ohne Wenn und Aber auf.

Konsequenz ist extrem wichtig, wenn du wirklich nach vorne kommen willst.

Wie viele Ziele verfolgst du noch halbherzig, obwohl du eigentlich gar nicht mehr an einen Erfolg glaubst? Oft rennen wir Zielen tatsächlich nur deshalb noch hinterher, weil wir Angst vor den negativen Folgen des Loslassens haben. Es ist wirklich so, dass Probleme – wie ein Ziel, das wir sowieso nicht erreichen – meist ganz bestimmte Funktionen für uns haben. Sie können Systeme stabilisieren (die eigentlich längst überholt sind) oder wir rechtfertigen mit ihnen inkonsequente Handlungen vor uns selbst.

Wozu ist das Problem nützlich? Wer hätte Interesse daran, dass es bestehen bleibt? Mit solchen Fragen nähern sich gute Coaches bremsenden Zielkonstruktionen. Darauf Antworten zu finden, hilft dir dabei, Ziele entweder ganz aufzugeben oder sie entschieden umzudefinieren.

Raubtiere verfolgen ihre Beute mit maximaler Geschwindigkeit. Sobald sie aber merken, dass sich der Abstand zur Beute deutlich vergrößert, die Chance auf einen Erfolg also gegen null sinkt, stoppen sie schlagartig ab. Das spart Energie für das nächste lohnende Ziel.

KAPITEL 5

Wie weit bist du weg?

Hier findest du drei Blanko-Skalen. Schreibe ans Ende jeder Skala jeweils ein Ziel, das du in den letzten Monaten und/oder Jahren verfolgt hast. Dann markiere auf der Skala mit einem Kreis, wie weit du von dem Ziel entfernt warst, als du es in Angriff genommen hast, und mit einem Kreuz, wie weit du heute von ihm entfernt bist. Lass das optische Ergebnis auf dich wirken und analysiere für

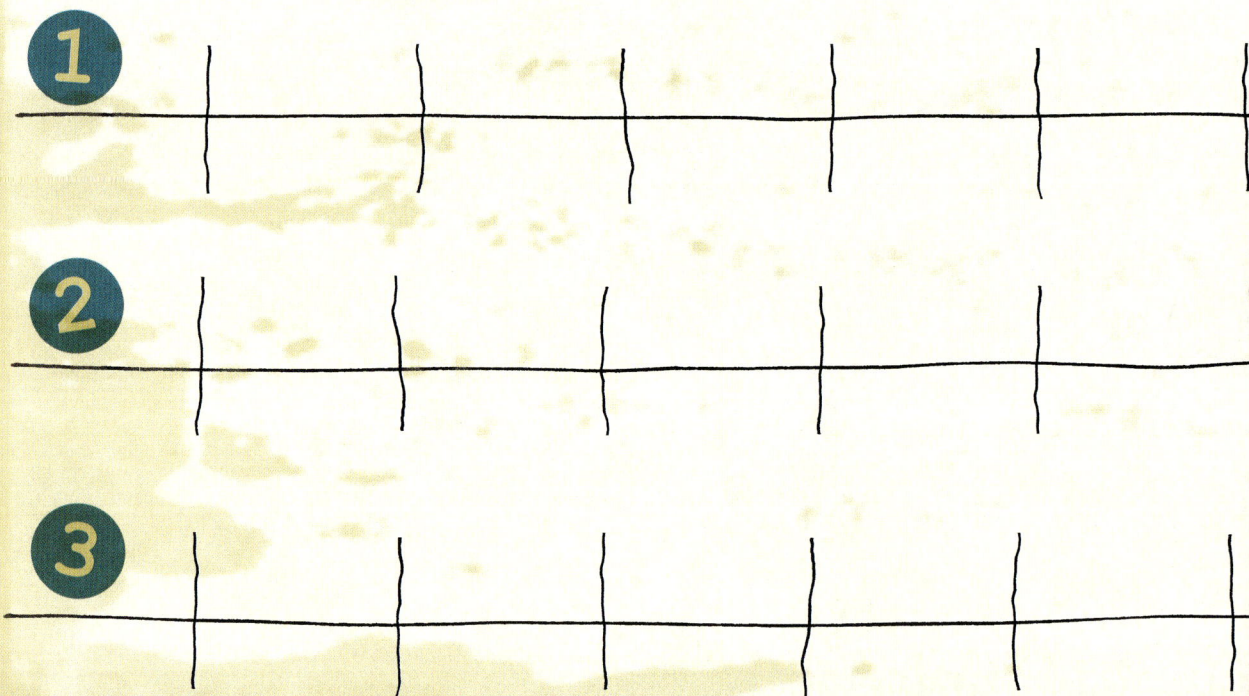

»DEIN WEG«

dich, ob du möglicherweise das Raubtierprinzip anwenden und dich von dem Ziel abwenden solltest. Vielleicht wird dir durch diese Übung auch plötzlich klar, dass du etwas grundlegend anders machen musst, um deinem Ziel näher zu kommen. Oder du erkennst, dass dir schon das Verfolgen des Ziels Spaß macht, obwohl du ihm nicht wirklich näher kommst. In jedem dieser Fälle bist du wieder einen Schritt weiter.

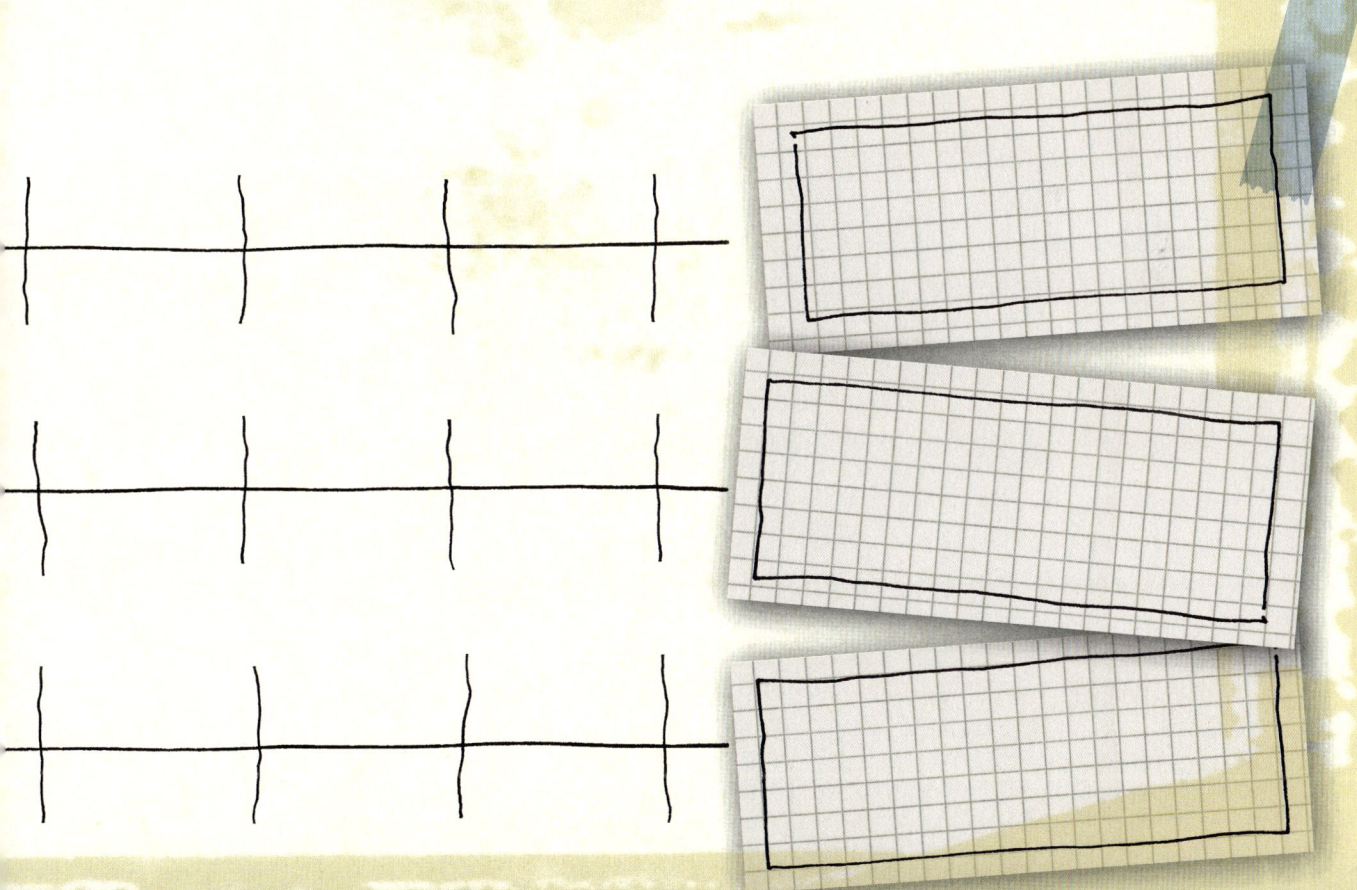

KAPITEL 5

» DEIN WEG «

Wer zwei Hasen gleichzeitig jagt, wird keinen davon fangen.

UNBEKANNT

KAPITEL 5

Was jetzt zählt

* So schlüssig all die psychologischen Erklärungen und Modelle auch sein mögen, eines steht fest: Konsequent Entscheidungen zu treffen, ist heute unglaublich schwer. Vielleicht ist es heute aber auch einfach verdammt schwer, ein authentisches Wertesystem zu leben. Ist das nämlich vorhanden, fällt es auch deutlich leichter, Wichtiges vom Unwichtigen zu unterscheiden. Wir können dem Wahnsinn der unendlichen Möglichkeiten gar nicht anders Herr werden, als klare Prioritäten zu setzen.

Schlage noch einmal Seite 141 auf und übertrage von dort das Ergebnis- und Handlungsziel, das dir am wichtigsten ist!

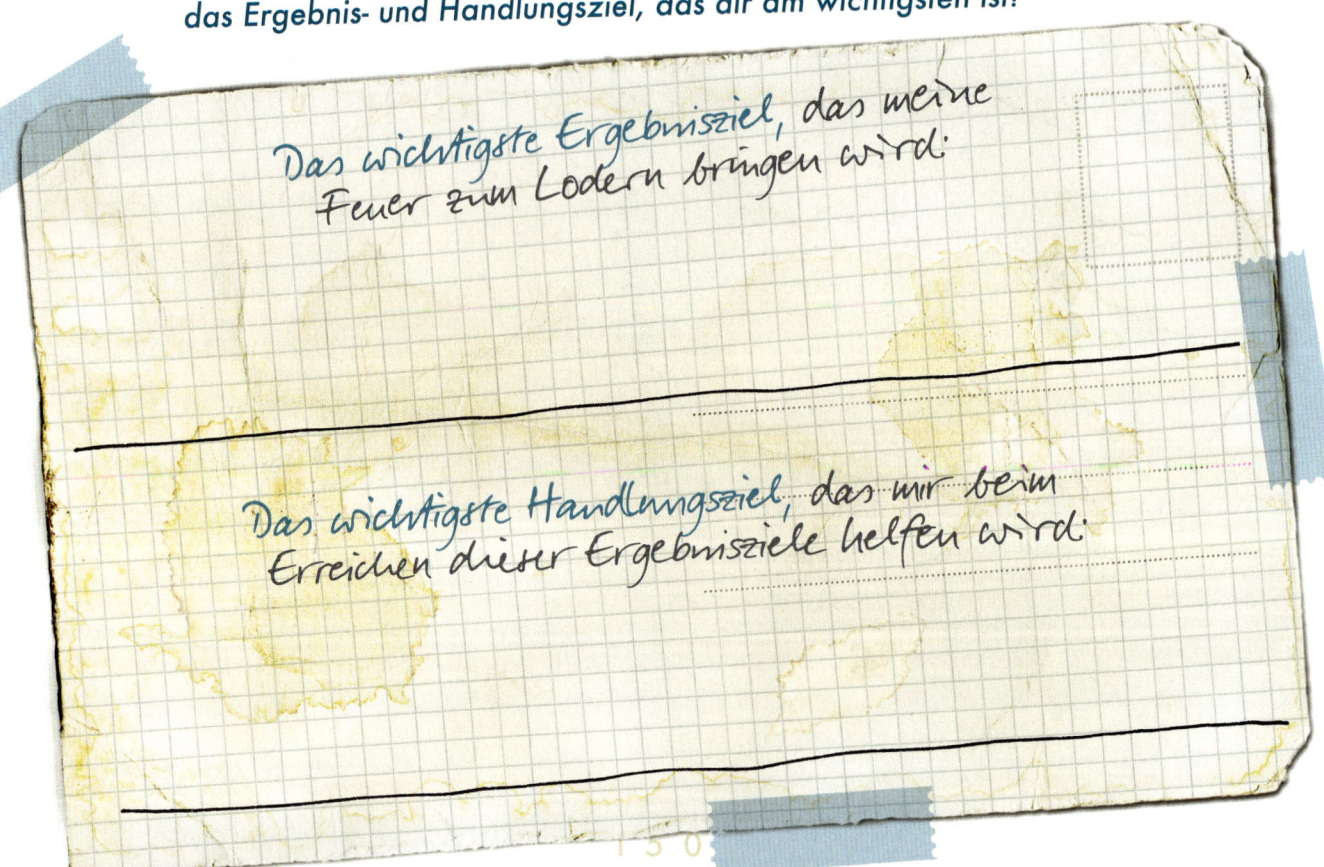

Das wichtigste Ergebnisziel, das meine Feuer zum Lodern bringen wird:

Das wichtigste Handlungsziel, das mir beim Erreichen dieser Ergebnisziele helfen wird:

» DEIN WEG «

Menschen, die authentisch leben, ihrem besten Ich also sehr nahe sind, haben ein sicheres Gespür dafür, welche Ziele wertvoll sind und was sie einsetzen müssen, um sie zu erreichen. Verschwende deine Ressourcen nicht für Unwichtiges. Nutze die Werkzeuge, die am effektivsten sind.

Die Evolutionspsychologen John Tooby und Leda Cosmides verglichen die menschliche Psyche mit einem Schweizer Taschenmesser, dessen Werkzeuge oberflächlich zwar ähnlich aussehen, aber doch alle eine ganz bestimmte Funktion haben. Je nach Art der Aufgabe setzen wir gezielt eines dieser Werkzeuge ein. Bist du voll bei dir selbst, gelingt es dir sehr zuverlässig, sofort auf das passende Werkzeug zurückzugreifen. Herrscht in deinem Wertesystem noch Unordnung, kann es gut passieren, dass du jahrelang versuchst, mit der Pinzette eine Schraube festzuziehen.

„Versuche nicht zu viele Dinge auf einmal zu tun. Wisse, was du willst, was die wichtigste Sache heute und morgen ist. Bemühe dich beharrlich und schaffe es." Dieses (unbelegte) Zitat von George Allen, einem der erfolgreichsten amerikanischen Football-Coaches aller Zeiten, ist auch eine klare Absage an das heute so selbstverständliche Multitasking. Wir können mehrere Dinge auf einmal tun. Es ist möglich, eine Aufgabe auch unter dem Eindruck vieler verschiedener äußerer Reize zu erledigen. Die Frage ist nur: Wie viel besser könnten wir darin sein, wenn unser ganzer Fokus auf dieser einen Handlung läge?

Erik Altmann, Psychologie-Professor an der Michigan State University, hat Hunderte von Studenten in einer Studie Aufgaben lösen lassen. Die Studenten, denen dabei zwischendurch immer mal wieder kurze Störsignale gegeben wurden (zum Beispiel das „Ping", wenn eine neue E-Mail eintrifft, der SMS-Ton oder das Vibrieren eines Handys), machten doppelt so viele Fehler wie die Studenten, die störungsfrei arbeiteten.

Wenn du deine Erfolgschancen maximieren möchtest, musst du alles tun, was in deiner Macht steht, um dich voll und ganz auf das Handeln zu fokussieren. Das bedeutet nicht, dass du Scheuklappen aufsetzen sollst. Bestimmte Reize können ja durchaus hilfreich sein, um dein Handeln anzupassen (unser Beispiel-Bergsteiger von Seite 137 tut gut daran, trotz allem Fokus auf das sichere Setzen der Füße noch ein offenes Ohr für herabfallende Felsbrocken zu haben). Genau das ist die Herausforderung: das wirklich Wichtige, das Zielführende herauszufiltern.

KAPITEL 5

Mehr Fokus im Alltag

Mit den folgenden Ideen wirst du nicht plötzlich ganz klar vor dir sehen, wohin es gehen soll in deinem Leben. Dafür ist konkretere Arbeit nötig (wenn du dieses Buch bis hierhin gelesen hast, weißt du ja bereits in etwa, wo der Hammer hängt). Aber natürlich sind es auch die kleinen Stellschrauben, die dein System steuern und ihren Beitrag leisten zu einem neuen, besseren Ich. Unterschätze also nicht ihren Einfluss und teste, was sich ändert, wenn du konzentrierter bist. So kann es gehen:

1. Besser schlafen Während du schläfst, verarbeitet dein Gehirn die Informationen, die es am Tag bekommen hat, und schafft neue Verbindungen im Nervensystem. Wenn du nicht genug schläfst, reicht die Zeit möglicherweise nicht aus, um alles Erlebte zu sortieren. Du startest dann schon unaufgeräumt in den nächsten Tag. Grober Richtwert: Sieben bis acht Stunden Schlaf sollten es sein. Damit du besser schläfst, sorge dafür, dass es richtig dunkel ist, dein Handy auf Flugmodus geschaltet ist (besser noch: alle elektronischen Geräte ganz ausgeschaltet sind), du genügend frische Luft bekommst, einen Rhythmus entwickelst (dich also möglichst immer zur gleichen Zeit hinlegst und aufstehst) und in den zwei Stunden vor dem Schlafengehen nichts mehr isst. Übrigens: Du kannst nach dem Aufwachen morgens ruhig noch ein bisschen liegen bleiben. Studien haben ergeben, dass die ersten 20 Minuten nach dem Aufwachen sich perfekt eignen, um die eigenen Gefühle wahrzunehmen, weil in dieser Phase die Sinne bereits voll da sind, aber der Verstand noch benebelt ist.

»DEIN WEG«

2. Fokus futtern Um effektiv arbeiten zu können, braucht das Gehirn vor allem Glukose. Die gibst du ihm am besten über komplexe Kohlenhydrate aus Obst und Gemüse oder auch (weizenfreien) Vollkornprodukten, nicht über Traubenzucker oder Süßigkeiten, die den Glukosespiegel nur sehr kurzfristig hochpushen. Außerdem liefern Nüsse oder fettiger Fisch deinem Gehirn wichtige Omega-3-Fettsäuren. Das Studentenfutter trägt seinen Namen nicht umsonst: Eine Mischung aus Mandeln, Walnüssen und (wenig) Rosinen etwa ist ein hervorragender Fokusbooster. Und damit die wichtigen Nährstoffe auch alle schnell dort ankommen, wo sie gebraucht werden, solltest du viel trinken. Ein ausgewogener Flüssigkeitshaushalt beschleunigt den Transportprozess enorm.

3. Ausmisten Um den Kopf so richtig frei zu kriegen und damit überhaupt wieder Raum zu schaffen für Neues, eignet sich das Meditieren perfekt. Viele tun diese Form des Runterkommens immer noch als Esoterikquatsch ab, dabei müssen die Übungen gar nicht spirituell aufgehängt sein. Setz dich zum Beispiel einfach mal vor ein offenes Feuer. Am Kamin, am Strand oder wo auch immer es dir möglich ist bzw. du es möglich machst. Jetzt siehst du einfach nur den Flammen zu, wie sie durch die Luft züngeln. Du wirst schnell merken, wie du dich entspannst. Am besten atmest du tief ein und aus, verlierst dich immer mehr in den Flammen und stellst dir vor, wie du bei jedem Ausatmen deine negativen Gedanken abschüttelst und sie langsam im Feuer verglühen. Schon nach zehn Minuten wirst du dich wahrscheinlich deutlich leichter fühlen.

4. Grenzen ziehen Um wirklich konzentriert an einer Sache arbeiten zu können, ist es manchmal notwendig, sich vor sich selbst bzw. vor Ablenkung medialer Art zu schützen. Mit der Smartphone-App *Offtime* etwa kannst du deine Telefonkontakte gruppieren und gezielt blocken (zum Beispiel, wenn für eine gewisse Zeit nur deine Familie zu dir durchkommen soll). Die Software *Selfcontrol* sperrt den Zugang zu bestimmten Webseiten oder deinem E-Mail-Server, während du auf deinem Rechner an Wichtigerem arbeitest.

KAPITEL 5

5. Übertreiben Wenn du dir gezielt Situationen kreierst, an denen du wachsen willst, sorge für extra viel Ablenkung. Klappt das Fokussieren beim Üben, dann stehen die Chancen sehr gut, dass du auch konzentriert bist, wenn es drauf ankommt.

6. Notizen machen Das hörst du nicht zum ersten Mal. Und deshalb soll es hier wirklich auch nur noch einmal als kurzer Reminder dienen: Was du in einer Phase der vollen Fokussierung auf dich selbst schriftlich festgehalten hast (zum Beispiel deine wichtigsten Handlungsziele oder Vorsätze), kannst du wieder hervorholen, wenn du den Überblick zu verlieren scheinst.

7. Kopfkino Du hast sicher schon Sportler gesehen, die vor einem Wettkampf mit geschlossenen Augen bestimmte Bewegungsabläufe und Situationen durchgehen. Dabei geht es um das Verinnerlichen und Fokussieren von Handlungszielen. In dieser Phase der Vorbereitung hat es weniger Sinn, sich in die Siegerposition auf dem Treppchen hineinzufühlen (siehe dazu Seite 158) – das kann den Fokus auf die Aufgabe sogar verringern. Visualisiere direkt vorher lieber noch einmal, was du tun wirst, nicht wie toll es wird, wenn du das Ziel erreicht hast.

8. Danke sagen Vergiss mal das, was dir alles fehlt, und richte deine Aufmerksamkeit auf die Dinge, für die du dankbar bist. Vielem schenken wir nämlich so gut wie keine Beachtung, solange es da ist, weil es uns selbstverständlich erscheint. Erst wenn wir es verlieren, wird uns klar, wie schön es war. Also, für welche fünf Dinge bist du dankbar? Notiere sie hier ...

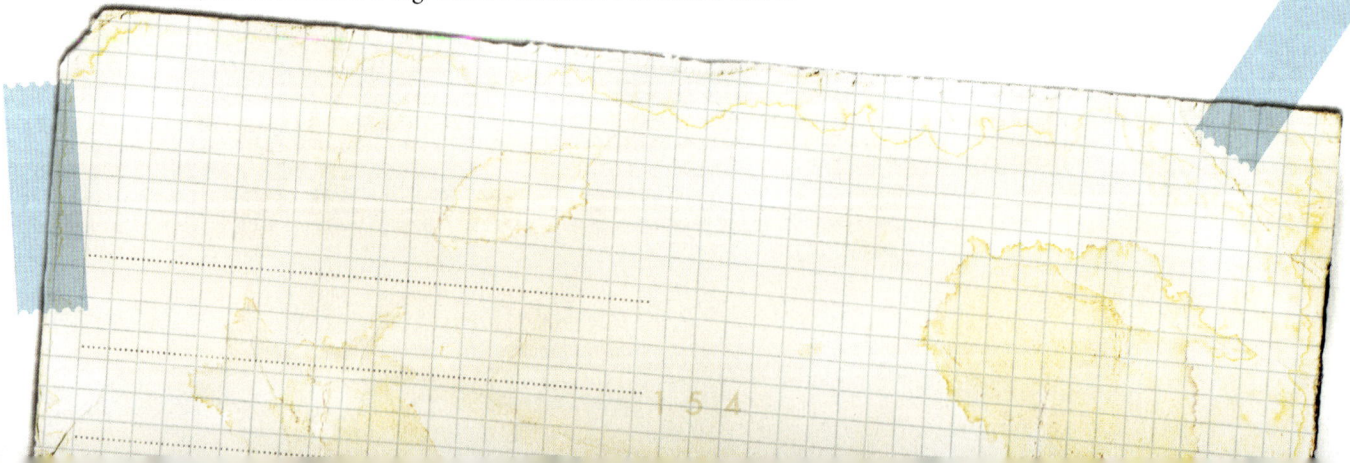

»DEIN WEG«

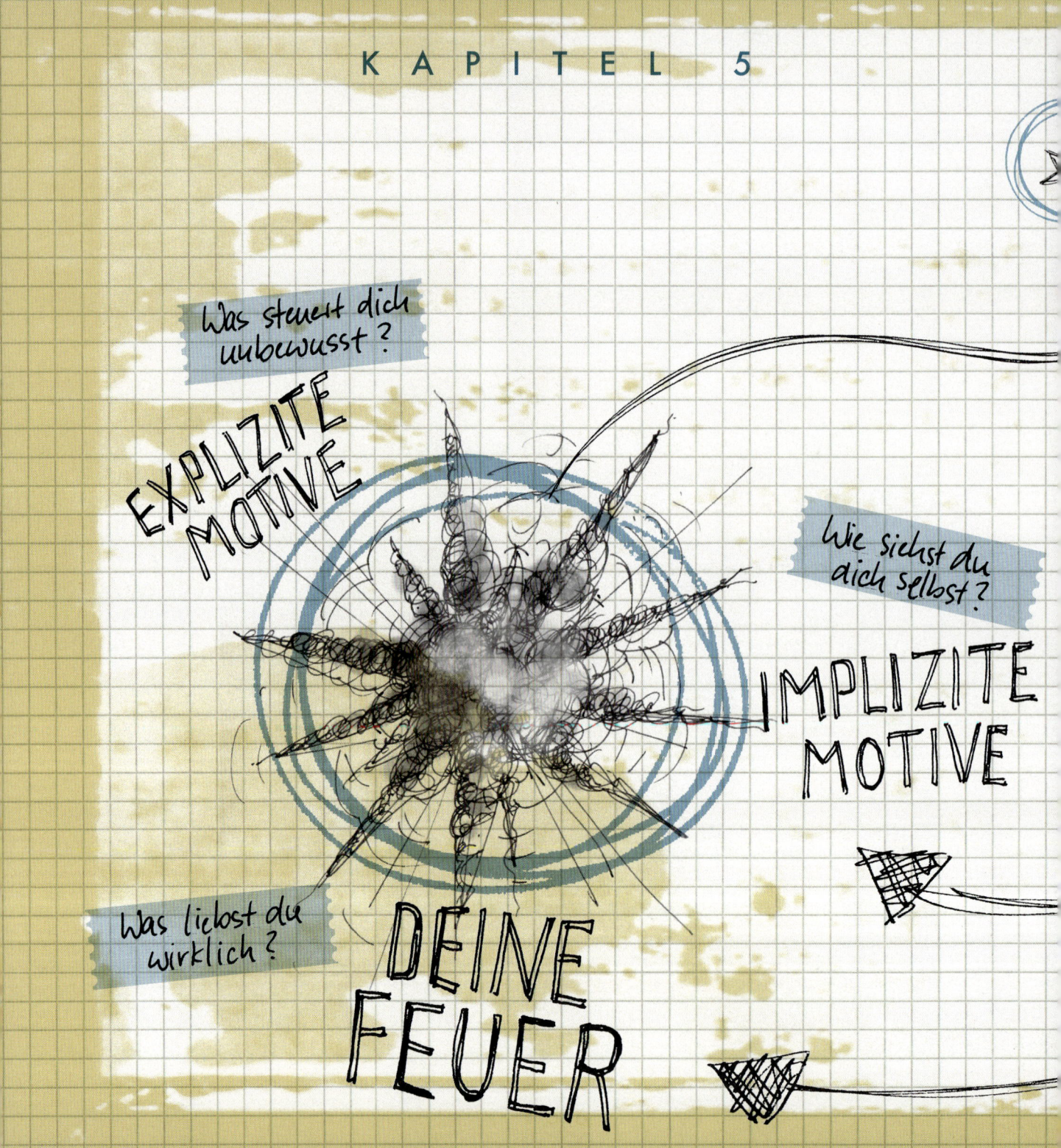

KAPITEL 5

Stimmungskanonen

Deine Stimmung beeinflusst nicht nur, ob du ein Ziel überhaupt angehst, sie wirkt sich auch direkt auf deine Leistung während einer Aufgabe aus. In einem positiven emotionalen Zustand bist du zum Beispiel konzentrierter – hast du schlechte Laune, machst du mehr Fehler. Allein das zu erkennen, ist schon ein wichtiger Schritt. Es öffnet den Blick für die emotionale Seite des Erfolgs. Das Schöne ist: Du musst nicht einfach ohnmächtig abwarten, ob eine gute oder schlechte Stimmung angeflogen kommt, sondern kannst sie aktiv mitgestalten. Und das lässt sich lernen.

Eine positive Stimmung erhöht deine Leistungsfähigkeit. Aber auch negative Stimmungen sind Teil des Lebens und haben durchaus ihre Funktionen. Arbeite an der Wahrnehmung deiner Emotionen (siehe dazu auch das Thema Achtsamkeit) und trainiere die Fähigkeit, dich selbstbestimmt (wieder) in eine handlungsförderliche Gemütslage zu bringen. Hier kommen fünf Techniken für ein erfolgreiches Emotions- und Stimmungsmanagement …

1. Als wärest du schon da Was ist dir möglich, wenn du dein Ziel erreicht hast? Wie fühlst du dich dann? Wer merkt es als Erstes, wenn du niemandem davon erzählst? Wem erzählst du es als Erstes? Wo bist du? Was tust du? Das Vorwegnehmen des Zustands, ein Ziel erreicht zu haben, wird manchmal als Visualisieren, als Entwickeln eines Zielfilms oder auch einfach als Ausmalen oder Schwärmen bezeichnet. Es geht dabei zum einen darum, den gewünschten Zustand so detailliert wie möglich zu beschreiben, um das Ziel konkreter definieren zu können. Zum anderen geht es darum, ein positives Gefühl zu erzeugen, um tatkräftig ins Handeln zu gehen. Nimm dir dein wichtigstes Ziel und beantworte die oben stehenden Fragen. Denke daran, dich selbst nach jeder Antwort mit der Nachfrage „Und noch?" herauszufordern.

Über Fragen nach dem „Warum eigentlich?" und dem „Was dann?" wird dir auch oft erst klar, was hinter deinen Zielen steckt …

»DEIN WEG«

2. Mach dich gerade Wenn einem das Wasser bis zum Hals steht, sollte man nicht auch noch den Kopf hängen lassen. Oder anders: Gehe aufrecht durchs Leben! Deine Körperhaltung wirkt sich direkt auf deine Stimmung aus (nicht nur andersherum). Zur Körpersprache gibt es unendlich viele Studien und Bücher, aber wir nutzen diesen Zusammenhang immer noch viel zu selten. Stell dich jeden Morgen (jeden Morgen!) drei Minuten lang ganz bewusst aufrecht hin. Hüfte vor, Hintern anspannen, fester Stand, Schultern zurück, Brust raus, Blick nach oben. Wenn du den Effekt noch verstärken willst, dann öffne die Arme seitlich als würdest du Energiefelder aus der Sonne empfangen. Das mag sich komisch anhören, aber du wirst besser durch den Tag gehen. Wirklich. Denk daran: Gut ist, was funktioniert.

3. Auf die Ohren Musik wirkt sich direkt auf die Stimmung aus. Das ist einer der Hauptgründe, warum wir überhaupt Musik hören und machen. Musik wird ja nicht zufällig auch zu Therapiezwecken eingesetzt: Bei Schmerzpatienten etwa erhöht sie laut einer Studie der schottischen Musikforscherin Laura A. Mitchell die Lebensenergie, die allgemeine Aktivität und die Fähigkeit, den Alltag zu meistern, deutlich. Welche Musik du wählst, hängt zum einen von der Stimmung ab, in die du dich bringen möchtest. Wenn du gerade einfach nur entspannen willst, legst du sicher etwas anderes auf, als wenn du dich „aufputschen" möchtest. Zum anderen spielt natürlich dein individueller Musikgeschmack eine entscheidende Rolle. Du weißt: Gut ist, was funktioniert.

5 meiner Lieblingssongs für neue Energie

FOLLOW THE SUN – Xavier Rudd
RADIO SONG – The Felice Brothers
SCARE AWAY THE DARK – Passenger
FEUER – Jan Delay
IRON SKY – Paolo Nutini

KAPITEL 5

4. Folge dem Licht Genau wie Musik wird auch Licht therapeutisch eingesetzt, weil es die Stimmung im wahrsten Sinne des Wortes aufhellt. Am wirkungsvollsten ist Licht frühmorgens, weil es die müde machende nächtliche Melatoninproduktion effektiv herunterpegelt. Selbst wenn es draußen bedeckt sein sollte, bringt natürliches Licht mindestens genauso viel wie eine spezielle Lichttherapielampe. Wir sind einfach nur zu wenig draußen! Heißt: Versuche, dich jeden Morgen mindestens 30 Minuten draußen aufzuhalten – egal wie, egal wo.

5. Zum Lachen Okay, Lachen liegt nahe, wenn es darum geht, eine positive Stimmung zu erzeugen. Aber noch wirksamer, als für sich selbst oder mit anderen zu lachen, ist es, andere zum Lachen zu bringen. Ich war im letzten Sommer in einer Gluthitze an der Elbe in Hamburg laufen. Auf 15 Kilometern kamen mir nur zwei andere Läufer entgegen (wer halbwegs vernünftig war, der blieb bei diesen Temperaturen nämlich lieber zu Hause). Als der erste der beiden Läufer auf meiner Höhe war, streckte er auf einmal die Hand raus und wir schlugen lachend ein. Was für eine effektive Mini-Geste! Hatte ich beim Laufen so noch nie erlebt. Als mir der zweite Läufer entgegenkam, gab ich diese Geste weiter – und lief unglaublich beschwingt nach Hause. Es gibt tausend Möglichkeiten, fremde Menschen zum Lachen zu bringen. Nimm dir vor, es jeden Tag mindestens bei einem zu schaffen.

Eine Studie der University of California hat gezeigt: In Gemeinschaft lachen wir dreißigmal häufiger als allein!

KAPITEL 5

Das Geheimnis des Kontrasts

Nur positives Denken und gute Stimmung können auch kontraproduktiv wirken. Die Psychologin Gabriele Oettingen, die an den Universitäten von Hamburg und New York forscht, konnte das in Tests mit Studenten zeigen: Diejenigen, deren Fantasien bezüglich einer guten Note durchweg positiv waren, schrieben nachher schlechtere Noten. Oettingen hat auf Basis dieser Erkenntnisse eine Motivationsstrategie entwickelt, die sie Mentales Kontrastieren nennt. Dabei geht es um das Schwelgen in einem Zielzustand (siehe „Als wärest du schon da" auf Seite 158) und einem darauf folgenden Bewusstmachen der Schwierigkeiten, die auf dem Weg auftauchen können, inklusive konkreter Vorsätze, wie du reagieren möchtest, wenn diese Schwierigkeiten tatsächlich eintreten.

Diese Strategie ist ehrlich gesagt nicht sonderlich spektakulär – wer nahe an seinem besten Ich ist, verfolgt sie meist sowieso –, aber sie greift genau die Aspekte auf, die das Machen auf pragmatische Art beflügeln: gerne träumen, aber eben nicht nur, sondern unbedingt darauf schauen, wie die Träume umsetzbar werden. Und dazu gehört nun mal das Bewusstsein, dass der Weg zum Ziel kein Spaziergang wird.

Wenn du dir darüber im Klaren bist und eine Vorstellung davon hast, wie du vorgehst, wenn es hakelig wird, dann kannst du richtig was reißen – versprochen.

Es ist durchaus möglich, nur mit Schwelgen oder nur mit einem nüchternen Blick auf die Schwierigkeiten Ziele zu erreichen. Du kommst aber hundertmal besser voran, wenn du beides kombinierst. Mache dir nicht nur vor einer Aufgabe klar, wie es sein wird, wenn du dein Ziel erreicht hast, und welche Hürden deinen Weg versperren könnten, sondern immer wieder. Auf diese Weise verinnerlichst du das Macher-Prinzip und bleibst dran.

» DEIN WEG «

Die Frage „Was kann im schlimmsten Fall passieren?" ist ein Klassiker, wenn es darum geht, einen schweren Schritt leichter zu machen. Meist ist sie nur rhetorisch gemeint und eher ein „Komm schon, du hast nichts zu verlieren". Die Frage ist genau richtig, du solltest sie aber auch so wahrnehmen, wie sie lautet. Was kann passieren?

Angenommen, du hast ein Produkt entwickelt und nun eine kleine Veranstaltung organisiert, auf der du dieses Produkt Journalisten vorstellen willst. Da spielst du vorher am besten intensiv durch, welche Fragen diese Journalisten wohl zu deinem Produkt und allem, was mit ihm zusammenhängt, haben könnten. Du legst dir (im Kopf oder schriftlich) Antworten zurecht. Wenn diese Fragen dann tatsächlich kommen, wird dich das nicht aus der Bahn werfen und du wirst souverän reagieren.

Dieses Beispiel zeigt: Was du als Schwierigkeit definierst, ist sehr individuell. Ein alter Hase, der aus dem Stand stundenlang frei und überzeugend sprechen kann, einer der gedanklich überdurchschnittlich schnell und flexibel ist, der wird vielleicht gar nicht die Notwendigkeit sehen, sich auf eventuelle Fragen vorzubereiten. Muss er auch nicht. Es geht darum, mögliche Schwierigkeiten in Relation zu deinen Fähigkeiten realistisch einzuschätzen und ihnen schon vorab den Zahn zu ziehen.

Wichtig ist: Du wirst nie alle Eventualitäten antizipieren können.

Es wird oft anders kommen, als du denkst. Eine mögliche Schwierigkeit vorab erkannt und einen Plan für sie entwickelt zu haben, reduziert einfach nur die Wahrscheinlichkeit, dass es dich unterwegs von den Beinen haut. Es macht dich aber in jedem Fall zuversichtlicher und selbstbewusster – das ist viel wert. Außerdem bringt dich jede heikle, bewältigte Situation näher an das Gefühl:

Hey, egal was kommt, ich bin in der Lage, handlungsfähig zu bleiben, und kann an diesem Ort in diesem Moment das Beste abrufen, was in mir steckt.

Auf Seite 167 kannst du mögliche Stolpersteine sowie deinen Plan dafür notieren ...

KAPITEL 5

*I can see clearly
now the rain is gone.
I can see all obstacles
in my way.*

JOHNNY NASH

»DEIN WEG«

KAPITEL 5

Wenn, dann

Vorsätze kennen wir vor allem im Zusammenhang mit dem Beginn eines neuen Jahres. Sie fassen unsere geplanten Verhaltensänderungen in Worte. Für Motivationspsychologen dienen Vorsätze etwas allgemeiner dazu, eine Situation oder Bedingung zu definieren, bei deren Eintreten wir ein bestimmtes Verhalten zeigen wollen. Der Begriff Wenn-dann-Pläne drückt das Prinzip der Vorsätze deshalb am besten aus. Neujahrsvorsätze sind grundsätzlich eher schwache Vorsätze, ihre einzige Bedingung ist das Inkrafttreten eines Datums: „Wenn der 1. Januar gekommen ist, dann …"

Wenn-dann-Pläne können auch als die schon beschriebenen Strategien zum Überstehen möglicher Schwierigkeiten wirksam werden. Sie sind aber nicht auf Schwierigkeiten beschränkt, sondern können mit jeder denkbaren Bedingung gefasst werden. „Wenn ich herausgefunden habe, was ich wirklich will, dann werde ich alles dafür tun, mein Leben darauf auszurichten." „Wenn ich mein Sabbatical bewilligt bekomme, dann werde ich in die Berge gehen und diese Zeit intensiv für mich selbst nutzen." „Wenn der nächste Laden in meiner Lieblingsstraße vermietet wird, dann schlage ich zu und eröffne mein eigenes Café." Alles Vorsätze, die nicht mit Schwierigkeiten verknüpft sind.

Wenn du dir diese Vorsätze noch einmal genau ansiehst, wirst du schnell bemerken, welches Problem auftreten kann: Das Antizipieren von Situationen hat zwar den Vorteil, dass genau diese Situationen später schneller erkannt werden, es besteht aber auch die Gefahr, dass du andere günstige Gelegenheiten übersiehst. Mehr noch: Vorsätze mit Positivbedingungen verhindern oft das Machen. Weil aus dem Wenn-Dann-Plan bei Positivbedingungen ein Erst-wenn-dann-Plan wird. Ich bin in Verbindung mit Vorsätzen deshalb eher ein Freund der Negativbedingungen, also dem Definieren von Verhalten bei bestimmten Schwierigkeiten. Folgendes solltest du generell beim Fassen von Wenn-dann-Plänen beachten:

1. Definiere wahrscheinliche Situationen.

2. Definiere ein Verhalten, das voll in deiner eigenen Kontrolle liegt.

3. Beschränke dich auf ein überschaubares Maß an Plänen. Sonst verlierst du den Fokus.

» DEIN WEG «

Die drei wahrscheinlichsten Situationen, die mir beim Verfolgen meines Ziels Probleme bereiten könnten – und wie ich mich verhalte, wenn sie eintreten:

1 WAS PASSIEREN KÖNNTE:
___
___
___

WIE ICH MICH VERHALTE:
___
___
___

2 WAS PASSIEREN KÖNNTE:
___
___
___

WIE ICH MICH VERHALTE:
___
___
___

3 WAS PASSIEREN KÖNNTE:
___
___
___

WIE ICH MICH VERHALTE:
___
___
___

KAPITEL 5

Die beste Möglichkeit, voll handlungsfähig und bei sich selbst zu sein, wenn es darauf ankommt, ist, einerseits grundsätzlich immer wieder außergewöhnliche Situationen zu suchen (wie bereits ab Seite 104 beschrieben), aber auch das Verhalten in ganz bestimmten Situationen gezielt zu trainieren.

Das sogenannte Selbstwirksamkeitstraining ist dafür zum Beispiel hervorragend geeignet. Vor allem Sportler setzen es oft ein, um die Fähigkeit zu verbessern, handlungsfähig zu bleiben, egal wie die Bedingungen sind und welche Ablenkungen auftauchen könnten. Sie stellen im Training bereits Wettkampfbedingungen her:

Sie definieren einen konkreten Tag, an dem es eine Aufgabe zu bewältigen gilt, die auch im Wettkampf relevant ist.

Der Sportler prognostiziert dabei vorher selbst die Leistung. Nachdem er die Aufgabe abgeschlossen hat, ist er folglich stolz oder enttäuscht. Auf diese Weise übt der Sportler, mit einer nicht wiederholbaren Drucksituation (Stichwort Fokus!) und auch mit seiner eigenen emotionalen Reaktion umzugehen. Im Nachgang analysieren Sportler und Trainer gemeinsam mögliche Gründe für den Erfolg oder Misserfolg. Bei einem Fußballspieler kann das zum Beispiel ein Elfmeterschuss sein. Ein einziger. Es lassen sich hier auch ganz gezielt Ablenkungen einbauen, etwa laute Musik, Trillerpfeifen, Zwischenrufe oder alles zusammen. Die Idee dahinter: Jede bereits erlebte Situation – die nüchtern aufgearbeitet wurde, das ist ganz wichtig – erweitert den Erfahrungsschatz und stärkt das Selbst. Ich unterrichte hin und wieder Schüler im Oberstufenalter in Präsentation und Wirkung. Im letzten Seminar habe ich jeden einzelnen drei Minuten frei vor der Gruppe referieren lassen, zu einem spontanen Thema, dass die Schüler erst genannt bekamen, als sie schon vorne standen – zum Beispiel über ihren Wohnort, ihren Kugelschreiber oder ihren Lieblingssportler. Das ist natürlich viel verlangt. Aber wenn die Atmosphäre stimmt und auch Misserfolge wertschätzend analysiert werden, dann kann eine solche Übung ein wichtiger Erfahrungsmosaikstein sein.

» DEIN WEG «

Welche Situation(en) kannst du gezielt trainieren?

KAPITEL 5

In deinem Element

Es gibt nicht nur Diebe oder Nichtdiebe. Natürlich ist es immer wieder auch die Gelegenheit, die Diebe macht. Sprich: Die Situation kann durchaus darüber entscheiden, ob wir etwas tun oder nicht. Wir können noch so tolle Skills haben, eine noch so hervorragende Einstellung, wenn die Situation nicht genügend Reiz hat, lockt sie uns nicht aus der Deckung hervor. Wie groß der Reiz einer Situation ist, hängt wiederum damit zusammen, wie sehr sie sich mit unseren Motiven deckt bzw. wie hoch die Wahrscheinlichkeit ist, dass sie zur Motiverfüllung beiträgt.

Der Entertainer Eckhart von Hirschhausen erzählte auf der Bühne gerne die Geschichte vom Pinguin, der an Land so hilflos und tollpatschig wirkt, sich aber als Rakete entpuppt, sobald er ins Wasser springt.

Jeder von uns hat Situationen, Gelegenheiten, ein Umfeld, in dem er sich am wohlsten fühlt und am wirkungsvollsten ist.

Es liegt an uns, diese Umstände so oft wie möglich herbeizuführen. Denn natürlich haben wir immer wieder auch die Option, selbstbestimmt zu entscheiden, wo wir uns aufhalten, wann wir uns dort aufhalten und mit wem. Wir können Situationen auch so manipulieren (im positiven Sinne), dass sie besser zu unseren Motiven und Fähigkeiten passen.

DU VERHÄLTST DICH JE NACH UMFELD UNTERSCHIEDLICH?
Zum Beispiel im Beruf anders als privat? Das ist in Ordnung! Es ist sogar hilfreich, ein gutes Gespür für den Zusammenhang zu haben und flexibel zwischen verschiedenen Systemkonfigurationen wechseln zu können. Trotzdem gehst du meist mit der gleichen Grundhaltung in verschiedene Situationen hinein. Diese Kombination ist wichtig: eine positive, anpackende Grundhaltung und ein sicheres Gespür für die Werkzeuge, die gerade passen.

»DEIN WEG«

Notiere drei Situationen, in denen du dich richtig wirkungsvoll gefühlt hast:

_____

_____

_____

Das haben alle drei Situationen gemeinsam:

_____

_____

Das könnte ich tun, um solche Situationen öfter zu ermöglichen:

_____

_____

_____

_____

KAPITEL 5

In echt nach vorne

Ich habe keinen Zweifel daran, dass Technologie in vielen Bereichen sehr hilfreich ist. Die digitale Kommunikation etwa ermöglicht es uns, an Informationen zu gelangen, die auf analogem Wege nur sehr mühsam zu beschaffen wären. Aber noch einmal: Der Mensch ist Natur, nicht Technologie. Selbst wenn wir unsere Fähigkeiten zum Beispiel online transportieren, entfalten sie ihre Wirkung auf uns selbst und andere ja auf einer analogen, einer „echten" Ebene.

Entscheidungen treffen, Risikobereitschaft entwickeln, Emotionen empfinden, all das läuft in uns selbst ab, nicht in einem Datenträger.

Wer einen funktionierenden Selbstzugang hat, nutzt moderne Technologien (so er sie denn benötigt) als Werkzeug. Wer dagegen keinen wirklichen Zugang zu sich selbst, zu seiner eigenen menschlichen Natur findet, der versinkt mitunter ganz schnell orientierungslos im Meer der Technologie – und läuft Gefahr, sein bestes Ich immer weiter aus den Augen zu verlieren. Selbstverständlich sind Technologien wie die digitale Kommunikation verführerisch. Aber einer starken Persönlichkeit werden sie nicht den Boden unter den Füßen wegziehen. Im Gegenteil: Sie können sie beflügeln. Umgekehrt bedeutet das: Wenn du den Eindruck hast, dass die Dauerpräsenz des Digitalen dir den Weg zu deinem besten Ich versperrt, dann lege sie lahm. Diese radikale Maßnahme ist mittlerweile auch unter dem Begriff *Digital Detox* bekannt. Er beschreibt den Versuch, das eigene System zu „entgiften" und näher an das authentische Ich heranzurücken. Es ist schon fast tragikomisch, dass Menschen zum Teil richtig tief in die Tasche greifen, nur um eine analoge Zeit mit anderen zu verbringen (Camps gibt es zum Beispiel unter *digitaldetox.org*, europaweite Reisen unter *intothetribe.com*). Aber natürlich spiegelt das eine real existierende, nicht zu verleugnende Sehnsucht nach Authentizität, nach einem besseren Selbstzugang wider. Die entsprechenden Angebote sind schlichtweg die Antwort auf eine wachsende Nachfrage.

» DEIN WEG «

Solltest du deinen Digitalkonsum einschränken? Wenn du richtig zufrieden bist mit dir und dem, was du tust, dann nicht. Andernfalls könnte dir eine Auszeit zeigen, was in Sachen „bestes Ich" überhaupt so geht. Musst du wirklich Geld dafür ausgeben, dass dir jemand das Handy abnimmt? Wenn du es schaffst, das Ding selbstverantwortlich für ein paar Tage auszuschalten, dann nicht. Andernfalls ist der Gedanke gar nicht so doof. „Hey, wenn ich wollte, dann könnte ich das, natürlich." Typische Reaktion. Sagen Alkoholiker auch oft. Wenn du vorankommen willst, solltest du allerdings machen, nicht schnacken.
Der freiwillige digitale Entzug ist nur eine Facette der Rückkehr zu mehr Authentizität, mehr „Echtheit" in deinem Leben. Sich direkt mit anderen Menschen auszutauschen ermöglicht zum Beispiel ganz besondere, extrem wertvolle Erfahrungen (die nur „in echt" möglich sind). Sie erhöhen deine Menschenkenntnis sicher mehr als jeder noch so intensive Online-Chat oder E-Mail-Austausch. Ein Foto vom Himalaya-Gebirge kann eindrucksvoll sein. Aber es ist nichts im Vergleich zu dem Gefühl, das du hast, wenn du wirklich unter dem Giebel der Welt stehst und diese unglaublich wohlige Demut spürst. Künstliches Erdbeeraroma im Joghurt ist ganz okay, daran kann man sich gewöhnen. Aber es ist ein Dreck gegen die frisch vom Feld gepflückte echte Frucht.

Dein bestes Ich existiert nicht als Fake.
Also pack das echte Leben bei den Hörnern.

Wichtige Notiz in Sachen Authentizität: Vollbart zu tragen und im Holzfällerhemd rumzulaufen ist nicht automatisch „echt". Vor allem nicht, wenn du noch nie in deinem Leben eine Axt in der Hand gehabt hast. Das ist erstmal nur stylo. Was bist du?

Die besten Momente
im Leben sind die,
in denen du
völlig vergisst ...

... Fotos zu machen.

CHRISTO FOERSTER

KAPITEL 5

Raus aus der Mühle

✱ Der Wunsch nach einer beruflichen Auszeit ist heute größer als je zuvor. Jeder zweite will raus (das ergab kürzlich eine Umfrage des Meinungsforschungsinstituts *Fittkau & Maaß* im Auftrag des Onlineportals *Wimdu*). Diese Sehnsucht ist genauso alarmierend wie nachvollziehbar. Wenn auch du zu der Hälfte gehörst, die sich eine Auszeit wünscht, ist die entscheidende Frage: Warum willst du raus aus deinem beruflichen Hamsterrad? Bist du grundsätzlich zufrieden, mit dem, was du tust, und willst du zum Beispiel einfach mal eine längere Reise machen? Oder bist du unzufrieden und möchtest die Auszeit nutzen, um zu dir selbst zu finden und neue Perspektiven zu erlangen? Das ist ein riesiger Unterschied. Denn je nachdem, was deine Beweggründe sind, solltest du ein Sabbatical – wie die berufliche Auszeit auch genannt wird – entsprechend gestalten, damit es dich auch wirklich nach vorne bringt. Berufliche Unzufriedenheit ist ein bisschen wie Rückenschmerzen: Du kannst versuchen die Symptome zu lindern, zum Beispiel mit Wärmepflastern, aber das wird dir nicht dauerhaft helfen. Wenn du das Wärmepflaster abnimmst, kehren die Schmerzen nämlich ziemlich schnell zurück. Du musst an die Ursachen ran. Mit gezielten Übungen, um deine muskuläre Stabilität und Balance zu verbessern. Und genau diese Chance bietet auch ein Sabbatical: an die Ursachen der Unzufriedenheit heranzugehen (wenn sie denn vorhanden ist) und möglicherweise ein ganz neues Kapitel aufzuschlagen.

Interessanterweise haben Frauen dafür offenbar ein besseres Bewusstsein als Männer: In der oben erwähnten Umfrage begründeten sie ihren Wunsch nach einer Auszeit deutlich öfter mit dem Anspruch, ihr Leben grundlegend zu ändern. „Diejenigen, die einen echten Neustart suchen, sind zu 68 Prozent weiblich und nur zu 32 Prozent männlich."

Du willst nur deinen Akku aufladen? Come on! Bei deinem Smartphone ist er doch auch spätestens nach zwei Tagen wieder leer! Noch mal: Du bist keine Maschine. Also vergiss diese Akku-Nummer. Oder willst du dich wirklich auf stupides „Stecker rein, Stecker raus" reduzieren lassen?

»DEIN WEG«

Reisen ist großartig. Ich liebe es. Es erweitert den Horizont. Nur: Wenn das Reisen an sich unsere Aufgabe während einer Auszeit wird, dann lassen wir eine sehr große Chance liegen. Ein Sabbatical von einem halben oder sogar einem ganzen Jahr bietet Raum für so viel mehr:

Du kannst ausprobieren, was du schon immer ausprobieren wolltest.

Du kannst in einer Auszeit Bücher wie dieses zur Hilfe nehmen, um dir selbst näherzukommen. Du kannst Workshops und Seminare besuchen und mit Mentoren arbeiten. Du kannst soziale Projekte tatkräftig unterstützen. Du kannst in Unternehmen hospitieren oder bei Freunden und Bekannten, die selbstständig arbeiten. Vor allem aber kannst du wieder lernen, deine eigene Stimme zu hören. Und das geht wirklich nur, wenn du zwischendurch immer wieder für Ruhe von außen sorgst. Du musst den Fragen, die auch in der Vergangenheit sicher schon aufgetaucht sind, endlich Raum geben – und dich daranmachen, sie für dich zu beantworten.

Ab und zu eine Auszeit, ein bisschen Wellness hier und Work-Life-Balance da, das ist Augenwischerei.

Mit einer solchen Strategie hältst du die Fragen und Probleme, die unter der Oberfläche blubbern, nur klein. Irgendwann brechen sie sowieso durch. Also stelle dich ihnen lieber jetzt.

KAPITEL 5

Supporter finden

DU HAST EINE AHNUNG, VIELLEICHT AUCH SCHON EINE KONKRETE IDEE, WAS DU ANPACKEN WILLST? DANN KÖNNTE MÖGLICHERWEISE EINE DER RECHTS AUFGELISTETEN ANLAUFSTELLEN INTERESSANT SEIN ...

»DEIN WEG«

Crowdfunding

Unter **crowdfunding.de** findest du alles rund um das Thema Finanzierung durch eine Vielzahl anderer Menschen. Die verschiedenen Varianten, relevante Plattformen, spannende Projekte.

Gründerportale

Unter anderem auf diesen Websites geht es umfassend und detailliert ins Eingemachte für den Start neuer Projekte: **fuer-gruender.de gruenderszene.de selbständig-im-netz.de** Dort findest du aber auch Veranstaltungshinweise für Treffen mit anderen Durchstartern und Ratgebern in der realen Welt.

Million Ways

Eine einzigartige neue Stiftung, die es Gleichgesinnten auf Basis ausführlicher Telefoninterviews ermöglicht, zusammenzufinden und sich gegenseitig zu unterstützen. **millionways.org**

KAPITEL 5

Im Fluss

Du hast das nun schon mehrfach gehört: Wenn deine unbewussten (impliziten) Motive mit deinem Selbstbild (den expliziten Motiven) übereinstimmen, kannst du auch ohne ständige Willensanstrengung wirkungsvoll handeln. Du wirst Situationen so wählen und gestalten, dass sie zu dem passen, was du gerne tust. Und es wird sich gut anfühlen. Auch, nein vor allem, wenn die Herausforderungen groß sind. Der ungarisch-amerikanische Psychologe Mihály Csíkszentmihályi beschrieb dieses Phänomen im Jahr 1975 als Flow-Erleben, als „selbstreflexionsfreies, gänzliches Aufgehen in einer glatt laufenden Tätigkeit, bei der man trotz voller Kapazitätsauslastung das Gefühl hat, den Geschehensablauf noch gut unter Kontrolle zu haben".

Läufer nennen dieses Gefühl Runner's High. Genau wie das Flow-Erleben generell ist es aber meist nicht den Anfängern vergönnt, sondern denen, die schon ein gewisses Fähigkeitslevel erreicht haben. Läufer haben dann das Gefühl, sie könnten fliegen, ewig laufen oder nach Belieben das Tempo steigern, ohne dass die Beine müde werden.

Die Abbildung rechts zeigt, wann ein solcher Flow-Zustand am wahrscheinlichsten ist und dass eine große Herausforderung bei einem niedrigen Fähigkeitslevel eher Angst als einen Rausch auslöst.

Nun musst du natürlich nicht ständig im Flow sein. Oft tun wir Dinge tatsächlich auch einfach nur, weil wir ein Ziel erreichen wollen. Ich öffne ein Fenster ja nicht, weil es so toll ist, ein Fenster zu öffnen, sondern weil ich frische Luft im Raum haben möchte. Dennoch:

Wir vergessen erschreckend oft, Tätigkeiten an sich zu würdigen – unabhängig vom Ziel.

Wenn du dich nach dem Erreichen eines Ziels nicht lange im Erfolg sonnst, sondern direkt nach dem nächsten Ziel suchst, ziehst du höchstwahrscheinlich sehr viel Befriedigung direkt aus den Tätigkeiten, die dich ans Ziel bringen. Allein diese Erkenntnis wäre für dich sehr wertvoll, weil sie deinen Fokus weg von dem konkreten Ziel in Richtung Moment verschieben würde. Wenn du das Erreichen eines Ziels dagegen

» DEIN WEG «

ausgiebig feierst, sind es vermutlich eher die mit diesem Ziel verbundenen Folgen, die dir attraktiv erscheinen. Die Tätigkeit selbst diente dir eher als Mittel zum Zweck. Noch einmal: Du musst nicht ständig im Flow sein. Dieses Modell hilft dir aber, dich selbst besser zu verstehen und das Geheimnis der Motivation weiter auszuleuchten. Csíkszentmihályi und viele seiner Kollegen, die sich mit dem Flow-Erleben auseinandersetzten, zeigten, dass es die Leistungsfähigkeit steigert. Aber erst wer die Kraft des Moments entdeckt UND ein Gespür dafür entwickelt hat, wann er sich auch mal durch eine nicht so angenehme Tätigkeit boxen muss, um ein lohnendes Ziel zu erreichen, der geht wirklich nach vorne.

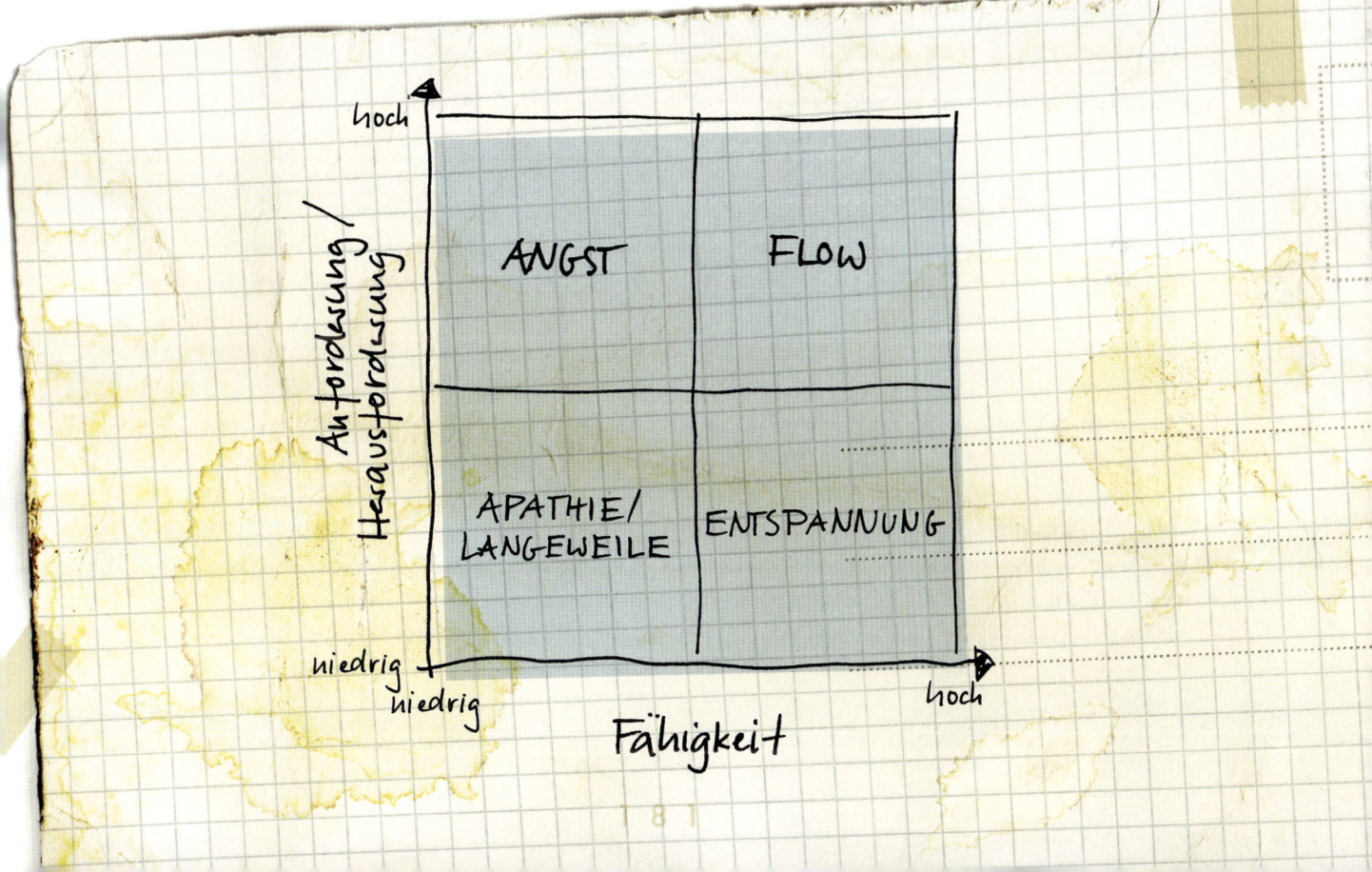

KAPITEL 5

Sieh es doch mal so

Niemand verhält sich so, wie er sich verhält, nur um dich zu ärgern. Sorry, aber so wichtig bist du für die anderen gar nicht. Es gibt immer (egoistische) Gründe für Verhalten. Meist hängen sie eng mit den unbewussten Bedürfnissen zusammen. Wenn sich jemand etwa sehr unstetig verhält, den einen Tag dies tut, am anderen Tag wieder etwas ganz anderes, dann siehst du das vielleicht als blinden Aktionismus, für die Person selbst sind es aber möglicherweise immer neue hilflose Versuche, irgendwie die unbewussten Bedürfnisse zu befriedigen. Sie probiert einfach die Pläne A-Z kreuz und quer durcheinander aus.

Die Perspektive, aus der wir die Dinge sehen, entscheidet darüber, wie wir sie bewerten.

Bewusst herbeigeführte Perspektivwechsel werden auch als Umdeuten oder Reframing bezeichnet. Das englische Wort „frame" steht für Rahmen und soll in diesem Zusammenhang deutlich machen, dass wir (und andere) immer nur einen bestimmten Ausschnitt eines Gesamtbildes sehen. Durch Reframing, also das Verschieben oder Vergrößern dieses Rahmens, erweitern wir unser Verständnis. Nutze die rechte Seite, um das Umdeuten zu trainieren, ruhig mit mehreren „Ärgernissen".

Ein Beispiel: Ich habe mich heute darüber geärgert, dass meine Schwester mir per SMS deutlich zu verstehen gegeben hat, ich könne sie auch um einen Gefallen bitten, ohne ihr zeitgleich ein Kompliment machen zu müssen. Ich fand das ein wenig anmaßend, weil das Kompliment wirklich ernst gemeint war (ich hätte es ihr schon viel früher machen sollen, unabhängig von meiner Bitte um einen Gefallen). Umdeuten ließe sich die klare Ansage meiner Schwester so: Ich bin für sie eine so wichtige Vertrauensperson, dass sie komplett ehrlich zu mir ist. Sie tut mir gerne einen Gefallen, ohne irgendetwas dafür zu erwarten. Sie wünscht sich einen häufigeren Kontakt, sodass ich ein Kompliment auch mal zeitnah kommunizieren kann, also direkt nach dem Anlass, auf den ich es beziehe, und nicht erst dann, wenn ich mal wieder eine Frage habe. Du siehst schon: Es gibt immer mehrere, meist sogar unendlich viele Umdeutungsmöglichkeiten.

KAPITEL 5

» DEIN WEG «

Probleme kann man nie mit derselben Denkweise lösen, durch die sie entstanden sind.

UNBEKANNT

KAPITEL 5

Die Kraft aus deinem Körper

Oh Mann, wie oft habe ich über dieses Thema schon recherchiert, philosophiert und gestritten. Wie gerne übersetze ich es immer wieder für mich selbst in die Praxis. Wie viele Menschen sind dankbar, es endlich nachhaltig anzugehen. Die Kraft aus unserem Körper. Unfassbar, wie sehr deren Einfluss immer wieder heruntergespielt wird. Als wären wir nur noch Denker. Selbst wenn: Jeder Gedanke, den der Mensch fasst, ist an eine körperliche Reaktion gekoppelt. Unser System ist so faszinierend komplex, dass Körper, Seele und Geist immer untrennbar miteinander verknüpft sind. Genau genommen lassen sie sich nicht einmal richtig auseinanderdefinieren.

Wenn dein Körper nicht rund läuft, stottert dein ganzes System.

Ja, das Thema ist sensibel. Weil es suggeriert, dass die Schwachen, die Unfitten weniger Chancen hätten. Was ist mit denen, die körperlich nicht so gesegnet sind oder sogar mit einem unheilbaren Handicap leben müssen? Ganz ruhig. Auch hier gilt: Ändere, was du ändern kannst! Mach das Beste aus dem, was du hast, dort, wo du bist. Bring dein System in Balance. Ich bin kein Mucki-Fanatiker. Ein bis zum gehtnichtmehr aufgepumpter Körper ist genauso wenig in Balance wie ein vom Alkohol oder von Medikamenten zerfressener. Und dieses so samtweiche Wort Balance steht in diesem Zusammenhang auch nicht automatisch für Wellness, Yoga und Meditieren. Nein, sieh zu, dass du körperlich ins Gleichgewicht kommst. Lass das Pendel kräftig ausschlagen, in beide Richtungen. Geh an deine Grenzen, leg dich auf die faule Haut. Hau auf den Putz, mach piano. Erforsche dein riesiges körperliches Potenzial in allen Dimensionen. Natürlich gibt es keinen allgemeingültigen, verbindlichen Standard der körperlichen Fitness. Das wäre tatsächlich bedenklich. Trotzdem gehören wir alle zur gleichen Spezies und es gibt einfach ein paar Basics – Dinge, über die sich jeder Körper freut. Für die er sich mit unbändiger Energie revanchiert.

KAPITEL 5

Hier kommen meine elf wichtigsten Regeln für mehr körperliche Power und Balance:

1 **BAUE MUSKELN AUF.** Muskulatur ist wichtig. Für jeden. Sie verbrennt Kalorien (sogar während des Schlafens), sie stützt und schützt Knochen und Gelenke. Sie verleiht unserem Körper Spannung. Vor allem nimmt sie ab einem Alter von Mitte 20 langsam, aber sicher ab – wenn du nicht gegensteuerst. Du kannst dafür mit allen möglichen Arten von Gewichten arbeiten, aber auch einfach mit dem Gewicht deines Körpers. Wichtig ist, dass du Übungen machst, bei denen möglichst nicht nur eine Muskelpartie separat angesprochen wird, sondern solche, die komplexe Bewegungen und den Einsatz ganzer Muskelketten erfordern.

2 **SUCHE HERAUSFORDERUNGEN.** Beim körperlichen Training wird das Anpassungsprinzip besonders gut sichtbar – wir brauchen neue Reize, um wachsen zu können. Nur wenn du ihn überraschst, sagt dein Körper nach einem Training anschließend: „Oha, so unvorbereitet will ich aber nicht noch einmal sein." Er braucht je nach Größe der Überraschung dann etwas Zeit, um sich zu sammeln, aber die Reize sollten auch nicht zu selten erfolgen, sonst lehnt dein Körper sich immer wieder zurück, weil er denkt: „War wohl falscher Alarm, kommt ja doch nicht noch mal vor." Für den richtigen Reizrhythmus brauchst du Achtsamkeit und Erfahrung.

»DEIN WEG«

3 **SEI KREATIV.** Wähle deine Herausforderungen so, dass sie nicht nur einen hohen Level an Grundfitness, sondern auch kreative Problemlösungen erfordern. Spiele, verzweifle, triumphiere! Schweiße Nervenzellen und Muskulatur zu einer unschlagbaren Einheit zusammen. Dafür musst du möglicherweise Dinge tun, die du noch nie getan hast. Welcher Spielzug würde jetzt wohl die Abwehr des Gegners aushebeln? Wie löse ich diese verdammte Kletterroute? Welchen Move kann ich so weit entwickeln, dass er zu meinem Markenzeichen wird? Nicht alle Bewegungsformen eignen sich für kreative Akzente – ein Marathonläufer rennt halt einfach nur schnellstmöglich über den Asphalt –, aber sieh zu, dass du das Problemlösen in der Bewegung nicht vernachlässigst.

4 **LASS DIE SAU RAUS.** Wir sehen heute nur noch wenig Möglichkeiten (meist leider auch wenig Anlass), körperlich mal wieder die Handbremse zu lösen. Alles um uns herum zu vergessen und uns so richtig auszutoben. Das mag jetzt kindlich klingen, aber genau deswegen ist es gut. Kinder machen alles richtig. Ob du im Park auf Bäume kletterst, beim Tanzen in Ekstase gerätst, dir die Seele aus dem Leib sprintest oder beim Rugbyspielen blaue Flecken holst – treib es wild. Nicht immer, aber öfter.

5 **MACH METER.** Geh raus und lege Entfernungen zurück: Gar nicht nur, weil das logischerweise die Ausdauer trainiert, sondern vor allem für das wunderbare Gefühl, aus eigener Kraft von A nach B zu gelangen. Um zu sehen – und zu spüren –, wie sich die Landschaft verändert. Um voranzukommen.

KAPITEL 5

6   **FINDE DEINE SCHWÄCHEN.** Eine Kette ist nur so stark wie ihr schwächstes Glied. Hol dir Rat von Experten (zum Beispiel von guten Fitnesstrainern, Physiotherapeuten oder Osteopathen) und überprüfe mit ihrer Hilfe, ob und wo dein Körper schwächer ist, als er sein sollte. Wenn du gezielt an diesen Baustellen arbeitest, dann wirkt das oft Wunder. Hör auf deinen Körper, aber vertraue auch den Profis: Die Zusammenhänge erschließen sich manchmal erst, wenn du Ergebnisse siehst.

7   **LERNE KONTROLLE.** Wir gehen definitiv meist viel zu kontrolliert durchs Leben und tun gut daran, uns lockerer zu machen. Das gilt auch für das körperliche Training (wie viele Läufer hecheln ständig bestimmten Zeitvorgaben hinterher!). Aber was das Zusammenspiel von einzelnen Muskelgruppen, Sehnen, Bändern und Nervenzellen, also die Koordination unserer Bewegungen betrifft, da ist Präzision doch etwas Tolles. Pilates, ein Training, das (in seiner kernigen Urform) den Körper unglaublich stark macht, hieß eigentlich Contrology. Erst nach dessen Tod wurde es nach seinem Erfinder Joseph Pilates genannt.

8   **BLEIB GESCHMEIDIG.** Du kannst noch so tolle Ausdauer oder Kraft haben – wenn du herumläufst wie ein Roboter, steif und holprig, dann bist du meilenweit entfernt von Balance. Die Geschmeidigkeit einer Raubkatze dagegen erreichst du, indem du immer wieder gezielt in der Bewegung (!) deine Beweglichkeit trainierst. Kampfsport eignet sich dafür, Yoga und Pilates oder natürliche Bewegungsformen wie das Klettern. In den letzten Jahren hat sich außerdem ein ganz neuer Stil entwickelt: das Faszientraining, bei dem durch bestimmte Übungen Verklebungen zwischen den Gewebeschichten gelöst werden. So weit musst du nicht gehen, guttut es trotzdem.

» DEIN WEG «

9   **ERKUNDE DEINE GRENZEN.** Grenzen existieren erst einmal in deinem Kopf. Solange du nicht bis an sie herangegangen bist, kannst du sie nur vermuten. Es ist kontraproduktiv, ständig am Limit zu trainieren, aber um überhaupt zu wissen, wo es liegt, musst du hin. Das wird hart. Trotzdem (oder gerade deshalb) fühlt es sich später gut an.

10   **HAB SPASS.** Das ist das Allerwichtigste: Bewegung und körperliches Training müssen Spaß machen. Sonst absolvierst du nur und genießt nicht. Du bist der Boss, also such dir etwas raus, das du gerne tust. Du musst ja nicht trainieren, du darfst. Großartig, oder?

11   **BRING RHYTHMUS REIN.** Natur braucht immer einen Rhythmus – Sommer und Winter, Ebbe und Flut, Tag und Nacht. Und weil wir als Menschen ja Natur sind, müssen wir genauso unsere Rhythmen würdigen, wenn wir unser bestes Ich leben wollen. Das bedeutet in einer extrem schnelllebigen Zeit vor allem: Wir brauchen Ruhephasen. Sehr leistungsfördernd kann es außerdem sein, dem Biorhythmus mehr Aufmerksamkeit zu schenken. Zu welcher Tageszeit fühlst du dich am fittesten? Wann bist du eher schlapp? Lässt sich darin ein Muster über einen längeren Zeitraum erkennen? Und wenn ja, was bedeutet das für dein bestes Ich? Kannst du deinen Tag möglicherweise umorganisieren? Schau dir dazu auch noch einmal die Übung „Tages-Soll" auf Seite 120 an.

Du merkst: Ich halte die Bewegung für einen sehr wichtigen Baustein im Mosaik deines besten Ichs. Aber achte bitte auch hier darauf, dass du dich nicht ständig mit anderen vergleichst. Es geht um dich!

KAPITEL 5

UM IN DAS THEMA BEWEGUNG UND KÖRPERLICHE FITNESS TIEFER EINZUSTEIGEN, SCHAU EINFACH IMMER MAL WIEDER AUF **DEINBESTESICH.COM** VORBEI. DORT FINDEST DU REGELMÄSSIG AUCH DETAILLIERTERE PRAXISTIPPS FÜR DEIN TRAINING – UND FÜR EINE BESSERE ERNÄHRUNG. DENN DEINE PERFORMANCE IST NATÜRLICH AUCH ABHÄNGIG VON DEM TREIBSTOFF, DEM DU DEINER KARRE GIBST. STOPFE ALSO KEINEN DRECK IN DICH HINEIN. FOLGENDE SECHS HINWEISE WEISEN DIR ERNÄHRUNGSMÄSSIG SCHON EINMAL DIE RICHTUNG:

1. Iss echt

In fast allen Lebensmitteln, die industriell weiterverarbeitet sind, steckt viel Schrott (raffinierter Zucker, Geschmacksverstärker usw.). Wähle lieber Dinge, die keine Zutatenliste haben.

2. Verzichte auf Weizen

Speziell dieses Getreide wurde in den letzten Jahrzehnten immer weiter technologisch verändert und auf Ertrag getrimmt. Unser Körper tut sich schwer damit, es richtig zu verwerten.

3. Trinke Wasser

Es gibt kein besseres Getränk. Brühe dir daraus gerne auch Tee, aber lass die Finger von den ganzen Lifestyle-Drinks, die auf gesund machen. Cola gibt's jetzt auch in Grün? Ich bitte dich …

»DEIN WEG«

4. Setze auf Gemüse

Nicht Getreideprodukte sollten die Basis deiner Ernährung sein, sondern Gemüse. Frisch, bunt, sauber und wenn möglich regional. Es gibt tausend Möglichkeiten, es zuzubereiten.

5. Kenne deine Tiere

Wenn du dir noch billiges Fleisch aus dem Supermarkt reinhaust, kann ich nur sagen: Viel Glück! Überzeuge dich persönlich, wie die Tiere, die du isst, gehalten werden – sonst verzichte lieber komplett.

SUPER ... WAS?

Superfoods sind in aller Munde. Dabei ist Superfood eigentlich nicht mehr als ein Marketingbegriff für natürliche Lebensmittel, die bestimmte gesundheitliche Vorteile versprechen. Chia-Samen, Goji-Beeren, Açai und Weizengras zählen dazu. Die meisten Superfoods sind tatsächlich gesund – in Maßen. Nur erstens kommt es auch bei ihnen noch darauf an, wie sauber sie angebaut und aufbereitet werden, zweitens sind die meist langen Importwege nach Deutschland ökologisch zu hinterfragen und drittens haben wir hier in unserer Heimat ja auch Nährstoffbomben: Heidelbeeren, Grünkohl oder Leinsamen. Don't believe the hype! Oder wie meine Eltern immer zu sagen pflegten: „Prüfe alles und das Gute behalte!"

DAS VIERTE

- Ich gehe meinen Weg. ✓
- Ich denke nicht nur in Ergebnissen. ✓
- Ich mache keine halben Sachen ✓
- Ich fokussiere meine Energie. ✓
- Ich mache mich gerade. ✓
- Ich freue mich auf die Herausforderungen. ✓
- Ich bin in der Lage, Situationen zu verändern. ✓
- Ich lebe echt. ✓
- Ich nehme neue Perspektiven ein. ✓
- Ich ziehe Kraft aus meinem Körper. ✓

KAPITEL 6

»NÜTZ SEIN

LICH

- Macher statt Superheld
- Moral vs. Wirtschaft
- Andere groß machen
- Das fünfte Manifest

KAPITEL 6

Macher statt Superheld

*Irgendwann, meist wenn wir übersättigt sind, kommt die Frage nach dem Sinn. Das ist gut. Ich bin mir sicher, dass sie auch dich hin und wieder umtreibt. Oder liest du dieses Buch tatsächlich nur, um mehr Abschlüsse zu machen und so viel Kohle wie möglich zu scheffeln? Die Frage nach dem Sinn hat das Zeug dazu, dein ganzes Verhalten auf eine andere Ebene zu heben.

Nur – ich habe das bereits im ersten Kapitel dieses Buches aufgegriffen – wenn die heute so angesagte Suche nach Sinn dazu führt, dass du vor allem grübelst und grübelst, dann macht das leider gar keinen Sinn.

Jetzt zu handeln, das macht Sinn.

Ich habe größten Respekt vor Menschen, die in Krisengebieten Menschenleben retten, sich aktiv gegen die Zerstörung unseres Planeten einsetzen oder sich für Benachteiligte engagieren. Aber es sind nicht nur klassische Wohltätigkeitsprojekte wie diese, die deinem Wirken Sinn geben können. Du musst auch weder etwas Revolutionäres entwickeln noch irgendwelche anderen Heldentaten vollbringen, um Veränderung in der Welt zu bewirken. Beharrlich dein bestes Ich zu erforschen und wertschätzend mit den Menschen in deiner direkten Umgebung umzugehen – bereits damit wirst auch du zur Inspiration, und extrem nützlich. In dem Wunsch, kolossal Sinnhaftes zu leisten, spiegelt sich einmal mehr der ganze Perfektionswahn unserer Zeit. „Will the world know your name?", fragte eine große Zigarettenmarke in ihrer Kampagne gerade deutschlandweit auf riesigen Plakaten. Herzlichen Glückwunsch, liebe Werber, voll den Zeitgeist getroffen! Wieder den Druck erhöht! Wieder ein Stückchen dazu beigetragen, dass wir uns bald ganz klein fühlen, wenn die Welt nicht schleunigst von uns hört.

Es geht nicht darum, dass die Welt deinen Namen kennt. Es geht nicht darum, dass du zum Überflieger wirst. Tu einfach das, was du in diesem Moment für richtig hältst. Tue es beherzt. Kämpfe. Scheitere. Steh wieder auf. Mach!

»NÜTZLICH SEIN«

Wenn du beginnst, im Kleinen zu wirken, wird deine Aura schnell riesengroß.

Jürgen Klopp, sicher eine der charismatischsten Persönlichkeiten in der Welt des Fußballs, stellte sich der versammelten Presse kurz nach seiner Übernahme des Trainerpostens beim FC Liverpool als „The normal one" vor. Er spielte damit auf den legendär-selbstverliebten Auftritt seines Trainerkollegen José Mourinho an, der sich einst als „The special one" bezeichnete. „Normal" statt „special", das passt nicht nur hervorragend zum Selbstverständnis der alten Arbeiterstadt Liverpool, es beschreibt auch Jürgen Klopps Verständnis vom besten Ich.

IN SEINEM ERSTEN LÄNGEREN INTERVIEW ALS TRAINER DES FC LIVERPOOL VERRIET JÜRGEN KLOPP, WAS ER UNTER „NORMAL" VERSTEHT:

„Wir haben nur ein Leben. Das bedeutet für mich nicht, dass wir jeden Tag so leben sollten, als wäre es unser letzter. Es bedeutet für mich, die Welt besser zu machen, indem wir versuchen, unsere direkte Umgebung positiv zu beeinflussen, indem wir versuchen, den Menschen um uns herum ein besseres Gefühl zu geben. Ich mag Menschen. Ich mag es, mit ihnen zu reden, mehr über sie zu lernen. Ich möchte wissen, warum sie tun, was sie tun."

KAPITEL 6

Auch die Kraft eines gesunden Egoismus, mit der wir uns im zweiten Kapitel dieses Buches ja schon ausgiebig beschäftigt haben, zeigt sich in diesem Zusammenhang wieder. Wenn die Menschen in deinem Umfeld sich wertgeschätzt fühlen, dann fühlst DU dich wohler. Weil eine positive Grundstimmung herrscht. Da entsteht diese eigentlich so logische, aber doch nicht auf der Hand liegende Win-win-Situation: Du kannst mit deinem Tun bewirken, dass es allen an der Situation Beteiligten – inklusive dir selbst – besser geht.

ALS ICH CONRAD ANKER, LEBENDE BERGSTEIGERLEGENDE AUS DEN USA, NACH SEINEM BESTEN ICH FRAGTE, ANTWORTETE ER:

„Ich verstehe ‚Das beste Ich' als Inspiration. Ich glaube nicht, dass ich je wirklich die beste Version von mir selbst sein kann. Mein Lebensmotto ist: Be good, be kind, be happy. Sei gut, sei freundlich, sei glücklich. Es gibt so viele wütende, unzufriedene Menschen. Gerade gestern ist mein Flug abgesagt worden, weil es technische Probleme mit der Maschine gab. Da stand eine ganze Traube von Menschen vor dem Schalter und hat die Mitarbeiter der Fluggesellschaft angebrüllt. Ich bin dann hin und habe versucht, die Lage ein wenig zu beruhigen, indem ich darauf hingewiesen habe, dass doch keiner von uns in eine Maschine einsteigen wollen würde, die nicht hundertprozentig in Ordnung ist, dass die Mitarbeiter der Fluggesellschaft doch genau richtig, weil verantwortungsbewusst handeln. Das hat die Gemüter tatsächlich beruhigt. Wir sollten mehr Demut zeigen. Nicht unsere Meetings, die heute Abend oder morgen stattfinden und die wir möglicherweise verpassen, wenn ein Flug ausfällt, sind entscheidend, sondern der Umgang mit der Situation und den Menschen, die gerade vor uns stehen."

»NÜTZLICH SEIN«

Noch einmal: Es ist großartig, im klassischen Sinne Gutes zu tun. Aber du musst nicht zum heldenhaften Samariter werden, um die Welt um dich herum besser zu machen.

Okay, wenn du mit Waffen handelst, am Leid anderer verdienst oder Zigaretten bewirbst, darfst du ruhig hinterfragen, ob du deinem besten Ich damit näher kommst. Ganz ehrlich: Es wird dir besser gehen, wenn du deine Fähigkeiten so einsetzt, dass andere davon profitieren. Dazu musst du (von einigen wenigen Berufen abgesehen) nicht einmal zwingend das Tätigkeitsfeld wechseln. Makler zum Beispiel gehören ja zu den Berufsgruppen mit dem schlechtesten Ruf in Deutschland …

Du könntest der sein, der es besser macht.

Derjenige, der den Laden umkrempelt und überzeugt nach vorne geht. Vielleicht gibt es gar kein besseres Beispiel als den Makler: Als ich vor Kurzem ein Haus gekauft habe, hatte ich mit vielen Maklern zu tun – und war von den Socken, wie mies es in diesem Berufsstand um wertschätzende zwischenmenschliche Kommunikation bestellt ist. Wenn du einen Makler kennst, dann drücke ihm bitte dieses Buch in die Hand und markiere ihm diese Zeilen ganz fett! Ermutige ihn, seinem besten Ich näher zu kommen und in seinem Umfeld (also auch gegenüber seinen Kunden!) positiv zu wirken. Er wird erfolgreicher sein. Nicht nur er, nein, auch seine Kunden werden zufriedener sein. Wenn ich einen solchen Makler getroffen hätte, mein Herz wäre ihm zugeflogen. Selbst wenn wir geschäftlich nicht zusammengekommen wären, weil er partout nicht das passende Haus gehabt hätte, so hätte ich ihn wärmstens weiterempfohlen. Und er wäre der Erste gewesen, den ich angerufen hätte, wenn ich mein Haus irgendwann vielleicht wieder verkaufen will. „Behandle andere so, wie du von ihnen behandelt werden willst" – damit fährst du immer gut. Ich weiß, dieser Satz klingt oberlehrerhaft und sehr verdächtig nach christlichem Gebot. Aber auf die „Goldene Regel" (wie dieses Prinzip seit Jahrhunderten auch bezeichnet wird) hat die Bibel gar keinen Urheberrecht, nein, sie ist in vielen weiteren Religionen und auch in der praktischen Ethik in ganz ähnlicher Form zu finden. Weil sie das Miteinander verbessert.

KAPITEL 6

Moral vs. Wirtschaft

* Das Bedürfnis, nützlich zu sein, Sinn zu stiften, etwas Nachhaltiges zu tun, schließt den Wunsch, Geld verdienen zu wollen, nicht aus. Immer mehr Beispiele zeigen, wie gut sich Moral und Wirtschaft in innovativen Ideen vereinen lassen. Es ist oft sogar sehr hilfreich, mit kaufmännischem Auge auf Dinge zu gucken, die andere bislang vor allem idealistisch angegangen sind. Weil wir dadurch deren Effektivität erhöhen.

Du darfst Geld verdienen!

Tue es mit Wertschätzung gegenüber Kunden, Mitarbeitern und Partnern, aber auch gegenüber dem Produkt, dem Herstellungsprozess und der Umwelt. Die Outdoormarke *Icebreaker*, die Merinowolle zu natürlicher Funktionskleidung verarbeitet (und deren Gründer Jeremy Moon bereits auf Seite 42 zu Wort kam), stand wenige Jahre nach ihrem Start kurz vor der Pleite. Die Shirts fielen buchstäblich auseinander, die bis dato so zufriedene Kundschaft wurde unruhig. Verantwortlich für die mangelhafte Qualität war eine Ladung brüchiger Wolle. Sobald Merinoschafe nämlich Stress erfahren, schlägt sich das sofort in ihrem Pelz nieder – die Wolle wird an dieser einen Stelle, auf dem klitzekleinen Stück, das die Wolle an den Stresstagen gewachsen ist, zu dünn. *Icebreaker*-Macher Jeremy Moon setzte neue, langfristige Verträge mit seinen Merinofarmern auf, die den Qualitätsstandard erhöhten und den Farmern mehr Planungssicherheit gaben. *Icebreaker* erholte sich und setzte daraufhin sogar zum nächsten großen Sprung an. Das zeigt: In diesem konkreten Produktionsprozess lässt sich in Sachen Nachhaltigkeit nicht groß mogeln. Wenn die Merino-Shirts gekauft und geliebt werden sollen, dann müssen die Farmer ihre Schafe gut behandeln. Denn nur ein zufriedenes Merinoschaf liefert gute Wolle. Das dann aber immer wieder. Genug für etwa fünf Kleidungsstücke pro Jahr, sieben bis neun Jahre lang.

Win-win-win, das ist also tatsächlich möglich.

»NÜTZLICH SEIN«

Weitere beeindruckende Beispiele sind die Getränkemarken *Viva con Agua* und *Lemonaid*. Beides Unternehmen mit jungen, dynamischen Gründern, die dem Endkunden aufzeigen, wie sie mit dem Kauf einer Wasser- bzw. Eisteeflasche Gutes tun können, denn ein beträchtlicher Teil des Gewinns fließt in soziale Projekte wie die Verbesserung der Wasserversorgung in Entwicklungsländern. Außerdem haben beide Marken aktive Communitys geschaffen, in die sich jeder einbringen kann, um anderen zu helfen.

Bei Projekten wie diesen steht nicht der maximale finanzielle Gewinn im Vordergrund, aber das Geldverdienen wird auch nicht ausgeblendet. Sonst würde das ganze System ja gar nicht funktionieren. Auch wenn der Konsumwahnsinn heute vielerorts zu haarsträubenden Geschäftsgebaren führt – ehrliche Produkte und Dienstleistungen sowie nachhaltige Produktionsprozesse mit Mehrwert auf verschiedenen Ebenen gewinnen an Relevanz. Das ist eine wunderbare Chance.

Du willst Gutes tun, hast aber noch keine Ahnung, wie das wirtschaftlich erfolgreich werden soll? Dann schau dir zum Beispiel die Plattform www.startsocial.de an, die sich den Wissenstransfer zwischen Wirtschaft und sozialer Projektarbeit auf die Fahnen geschrieben hat. Schirmherrin ist übrigens Bundeskanzlerin Angela Merkel.

KAPITEL 6

> Baue deinen Erfolg auf
> den Dienst an anderen,
> nicht auf Kosten anderer.
>
> — JACKSON BROWN JR.

KAPITEL 6

Andere groß machen

 Ich mag den Begriff der Inspiration. Da schwingt diese Ungezwungenheit mit. Nach dem Motto: Hey, ich zeig dir was, vielleicht ist das auch was für dich. Und wenn nicht, dann nicht.

Inspiration erwartet nichts, sie setzt nicht unter Druck, sie gibt keinen Weg vor.

Und genau deshalb kann sie dein Leben oder das anderer nachhaltig verändern. Menschen klare Ergebnisziele vorzugeben, sie mit Belohnungen zu locken oder ihnen Entscheidungen „nahezulegen", sie in eine Richtung zu treiben, in die sie vielleicht gar nicht wollen, das ist vor allem in der beruflichen Führungspraxis – unter dem Deckmantel der Motivation – nach wie vor völlig akzeptiert. Noch mal: Wir können andere nicht motivieren. Wir können Sie manipulieren und disziplinieren, sie benebeln, aber motivieren kann sich jeder nur selbst. Wenn es uns darum geht, andere wachzurütteln, dann bleibt uns als nachhaltiges Mittel nur die Inspiration. Dolly Parton, mit 100 Millionenverkauften Alben eine der erfolgreichsten Sängerinnen aller Zeiten, hat das einmal so zusammengefasst: „Wenn deine Handlungen andere inspirieren, mehr zu träumen, mehr zu lernen, mehr zu tun und mehr aus sich zu machen, dann bist du ein Leader." Der deutsch-französische Philosoph und Friedensnobelpreisträger Albert Schweitzer war sich sicher: „Mit gutem Beispiel voranzugehen, ist nicht nur der beste Weg, andere zu beeinflussen, es ist der einzige." Und wenn du dich selbst insgeheim unglaublich überlegen und persönlich viel weiter entwickelt fühlst als andere, dann hör dir an, was der Schriftsteller Mark Twain zu sagen hat: „Halte dich fern von Menschen, die deine Träume kleinreden wollen. Kleine Menschen tun das immer. Große Menschen geben dir das Gefühl, dass auch du groß werden kannst." Groß-groß also, oder anders, wieder: Win-win.

Erzeuge durch dein Tun eine Atmosphäre, in der du und andere wachsen können.

»NÜTZLICH SEIN«

Das Wort „inspirieren" hat seinen Ursprung im Lateinischen. In spiritus – Sprachwissenschaftler übersetzen das mit „in der Seele", „im Atem" oder als „beseelt" oder „eingehaucht". Das klingt wieder sehr spirituell (kein Wunder, ist ja auch der gleiche Wortstamm). Spiritus heißt aber auch Geist – und das bringt uns zu einem weniger spirituell gefärbten deutschen Wort, dass wunderbar umschreibt, was Inspiration eigentlich bedeutet: Begeisterung.

Lass dich begeistern und begeistere andere!

Die größte Inspiration bist du, wenn du Dinge anders machst, als alle sie bisher gemacht haben. Die Menschen nur in dem zu bestätigen, was sie ohnehin schon tun – das wird sie nicht aus ihrem Trott bringen. Denke quer, ecke an, provoziere. Bewirke echte Veränderung.

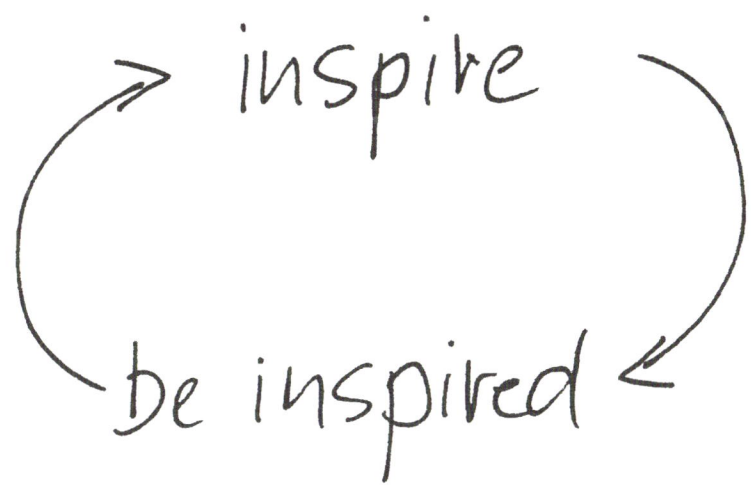

DAS FÜNFTE

- Ich gebe mein Bestes. ✓
- Ich gehe wertschätzend mit anderen um. ✓
- Ich mache einen Unterschied. ✓
- Ich denke nachhaltig. ✓
- Ich darf Geld verdienen. ✓
- Ich bestärke andere. ✓
- Ich bin ein Vorbild. ✓

MANIFEST

Was ich mitnehme:

KAPITEL 7

»AUF KURS

Was folgt?

Sei kein Frosch

Charakterschmiede

Aufstehen und tanzen

Alarmsignale

Das sechste Manifest

KAPITEL 7

Was folgt?

Wenn du dieses Buch bis hierhin durchgearbeitet hast, dann hast du eine Vorstellung von deinem besten Ich. Du hast wahrscheinlich schon begonnen, zu machen. Du bist auf dem richtigen Weg. Auf deinem Weg. Und das soll auch so bleiben. Deshalb ist es wichtig, dass du ein System entwickelst, mit dem du in regelmäßigen Zeitabständen checken kannst, ob du nicht vielleicht doch schon wieder etwas abgekommen bist von deinem Weg. Gerade wenn du bislang eher den Meinungen und Zielen anderer hinterhergerannt bist, ist es nämlich gar nicht so einfach, konsequent und dauerhaft das zu tun, was du willst. In diesem Kapitel findest du Inspirationen für das Überprüfen und Justieren deines Kurses.

Wann bist du überhaupt erfolgreich in dem, was du tust? Es gibt ja unendlich viele Möglichkeiten, Erfolg zu definieren. Ich bin überzeugt davon, dass der größte Erfolg, den wir erringen können, bereits darin liegt, nach unserem besten Ich zu streben. Das bedeutet auch: Wie erfolgreich du bist und ob du noch auf dem richtigen Weg bist, das kannst am Ende nur du selbst beurteilen. Aber: Um das tun zu können, bist du natürlich auf Rückmeldung angewiesen.

Dein Handeln bewirkt ja etwas – was, das gibt dir schon viel Aufschluss über deinen Erfolg.

Es wird dir sehr helfen, Rückmeldungen erst einmal so neutral wie möglich zu sehen, sie fast wissenschaftlich zu betrachten. Robert Green Ingersoll, einer der anerkanntesten amerikanischen Redner des späten 19. Jahrhunderts, stellte fest: „In der Natur gibt es weder Belohnungen noch Strafen. Es gibt Folgen." Und auf eins kannst du dich verlassen: Die Natur hat immer recht. Was sind die Folgen deines Handelns? Nimm dir in regelmäßigen zeitlichen Abständen noch einmal die Skalen zu den vier Lebensbereichen von Seite 123 zur Hand und setze neue Kreuze, die du mit dem jeweiligen Datum versiehst (du kannst auch für jedes Datum eine andere Farbe benutzen, das macht es noch übersichtlicher). So

»AUF KURS«

siehst du recht schnell, ob und wo du für dich vorangekommen bist – und wie sich das auf dein Gesamt-Wohlbefinden auswirkt.

Wenn du auf deinem Weg zum besten Ich ein eigenes Business-Projekt gestartet hast, gibt es natürlich auch ganz konkrete Checklisten zu Marketing, Vertrieb, Markenbildung usw. Dazu kannst du Fachliteratur oder entsprechende Webseiten zum Projektmanagement, vor allem zum Projektcontrolling, heranziehen (zum Beispiel die Bücher *Projektcontrolling* von Berta C. Schreckeneder aus dem *Haufe Verlag* und *30 Minuten Projektmanagement* von Yvette E. Hoffmann aus dem *GABAL Verlag*).

Auf der Master-Checkliste zu deinem besten Ich stehen aber folgende ganz einfache Fragen:

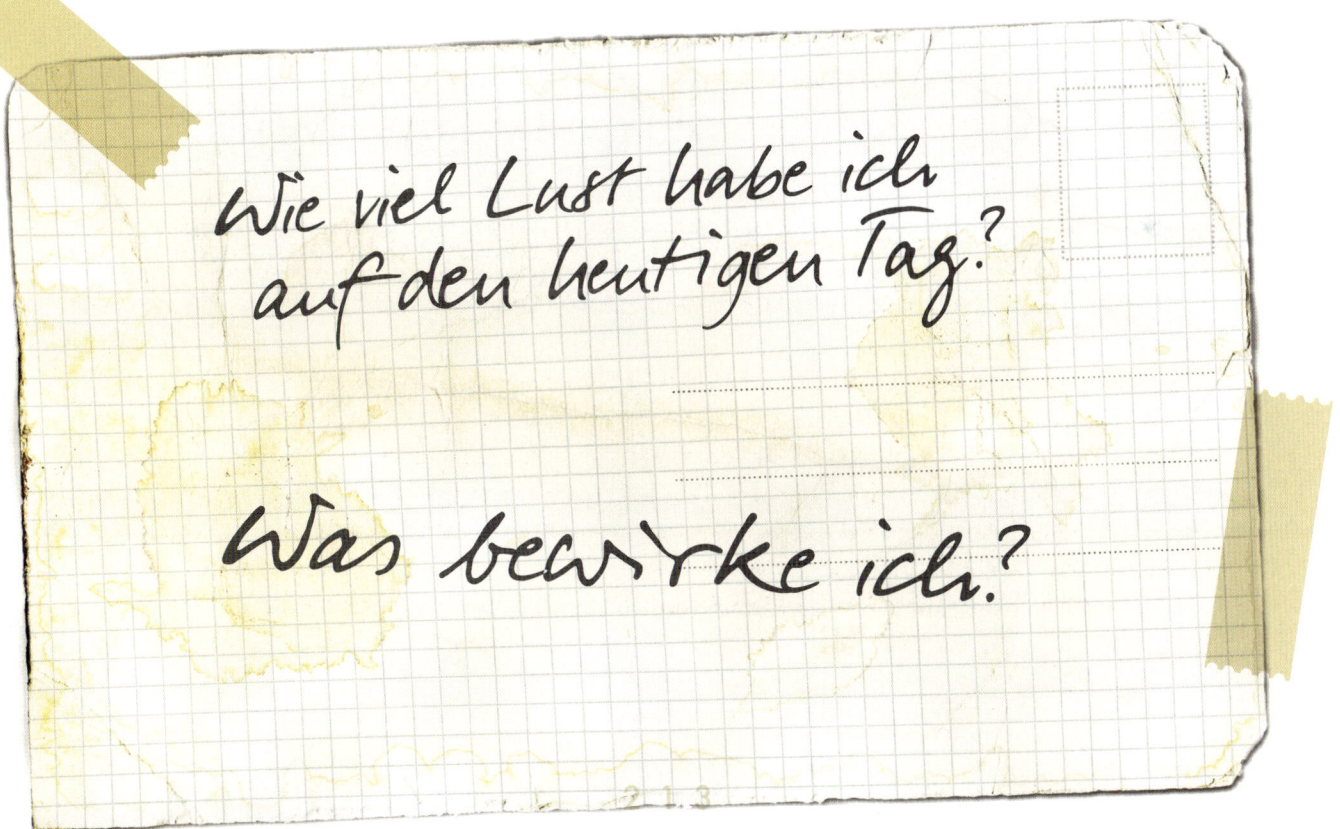

KAPITEL 7

Sei kein Frosch

* Wenn beim Umsetzen deiner Handlungsabsichten Anzeichen von Problemen auftauchen, dann sei wachsam und finde schnell Lösungen. Du sollst deinen Fokus zwar nicht auf mögliche Probleme legen, aber ein Gespür für Stolpersteine ist (wie bereits beschrieben) enorm wichtig. Es gibt ein etwas makabres, aber sehr deutliches Bild für den achtlosen Umgang mit Unannehmlichkeiten: einen Frosch im sich langsam erhitzenden Wasser. Setzt du einen Frosch in einen Topf mit lauwarmem Wasser und erhöhst nach und nach minimal die Temperatur, dann denkt der Frosch ständig „Och, ist zwar ganz schön heiß, aber auch nicht viel wärmer als jetzt, das passt schon", bis er irgendwann stirbt. Setzt du ihn dagegen in kochendes Wasser, springt er direkt wieder heraus. Unabhängig davon, ob dieses sogenannte *Boiling Frog Syndrome* in der Praxis tatsächlich haltbar ist (Wissenschaftler bezweifeln das) – es illustriert sehr klar, wie wir uns oft verhalten.

Wenn du von null in deine jetzige Situation kommen würdest, würdest du dich wohlfühlen oder direkt wieder rausspringen?

Oft sehen wir die Keime von Problemen als nicht so entscheidend an und lassen sie erst einmal wachsen. Ehe wir uns versehen, sind sie dann so groß, dass sie uns übermächtig erscheinen. Und dann wird es sehr mühsam, sie aufzulösen.

Gibt es etwas, das dir eigentlich gegen den Strich geht oder dir Energie zieht, bei dem du aber immer wieder sagst: „Passt schon"? Sieh dir ganz genau an, ob du dich nicht schon viel zu sehr damit arrangiert hast, als du je wolltest!

KAPITEL 7

Charakterschmiede

* Probleme zu erkennen und sie früh anzugehen, bedeutet aber nicht, dein bestes Ich zu verraten, sobald es brenzlig wird. Im Gegenteil: Erst dann zeigt sich, wie stark es schon ist.

Ein Bekannter von mir ist vor Kurzem an Diabetes erkrankt. Er ist Inhaber einer Bar, hat jahrzehntelang bis tief in die Nacht mit seinen Kunden getrunken und sich mit Drogen dafür in Stimmung gebracht. Die Diabeteserkrankung hat ihn umdenken lassen. Er merkt, dass sein Körper kurz davor war, aufzugeben. Also: kein Alkohol mehr, keine Drogen, viel Sport. Diese Umstellung knallte körperlich aber erst mal doppelt rein: Er nahm jeden Infekt mit und es zwickte überall. Nur ganz langsam kam er wieder zu Kräften und schließlich in Form. Kein Wunder! Wenn du dich dein Leben lang (oder zumindest über eine sehr lange Zeit) auf bestimmte Art und Weise verhalten hast, dann kann es zunächst zu einem Systemabsturz führen, wenn du etwas grundlegend änderst. Der ist aber oft nötig, um Raum für dein bestes Ich zu schaffen. Mach dich JETZT auf den Weg. Mit allen Konsequenzen. Es stimmt: Heute ist der erste Tag vom Rest deines Lebens. Gib dein Bestes. Fokussiere dich auf die Handlungsziele und hab Geduld. Wenn Schwierigkeiten auftreten, dann strenge dich besonders an.

Ich habe als Jugendlicher oft an Waldläufen teilgenommen und dafür auch viel im Wald trainiert. Mit meinem Vater, der mal ein respektabler Leichtathlet war. Er trichterte mir ein, bei jeder Steigung das Tempo zu erhöhen. Also genau dann eine Schippe draufzulegen, wenn es am meisten wehtut. Heute bin ich läuferisch zwar nicht mehr so ambitioniert unterwegs wie damals, aber noch immer lege ich extra einen drauf, wenn ich an einen Hügel komme.

Das bedeutet nicht, dass wir stur mehr Gas geben sollen, wenn es hakt, sondern dass wir dann wacher, offener und leistungsbereiter sind. Dass wir besonders intensiv nach Lösungen suchen. Dass wir wissen:

Jetzt entscheidet sich etwas. Jetzt habe ich die Chance, einen Unterschied zu machen.

»AUF KURS«

Oft wird es kurz vor einem Durchbruch noch einmal besonders schwer. Warum? Einen Durchbruch auf dem Weg zu deinem besten Ich hast du vor allem dann, wenn du dich deinen Ängsten entgegenstellst – und sie besiegst. Je näher du diesen Ängsten kommst, desto stärker wird der Impuls, sie zu meiden, ihnen doch lieber aus dem Weg zu gehen. Dein System sträubt sich wie ein Pferd, dass sich aufbäumt. Auf einmal sind da tausend Gründe, die für das Aufgeben sprechen. Dann denk daran: Wo die Angst ist, da geht's lang.

Dass du Schwierigkeiten bekommst, kann ein Zeichen dafür sein, dass du kurz vor dem Durchbruch stehst.

Betrachte Schwierigkeiten nicht als lange Schatten deines Versagens, sondern als Chance, zu wachsen. Du kannst nicht verlieren. Nur gewinnen oder lernen. Und wenn Plan A nicht geklappt hat, mach weiter, das Alphabet hat noch viel mehr Buchstaben.

Um einen Problemknoten aktiv zu lösen, können dir folgende Fragen helfen:

Was hindert mich daran, weiterzukommen?
Was kann ich daraus lernen?
Was ist das eine, das ich tun kann, um die Situation zu verbessern?
Was habe ich noch nicht bedacht?
Welche anderen Möglichkeiten habe ich noch?
Mit wem muss ich sprechen, um die richtigen Antworten zu erhalten?
Wo finde ich die fehlenden Informationen, um vorwärtszukommen?

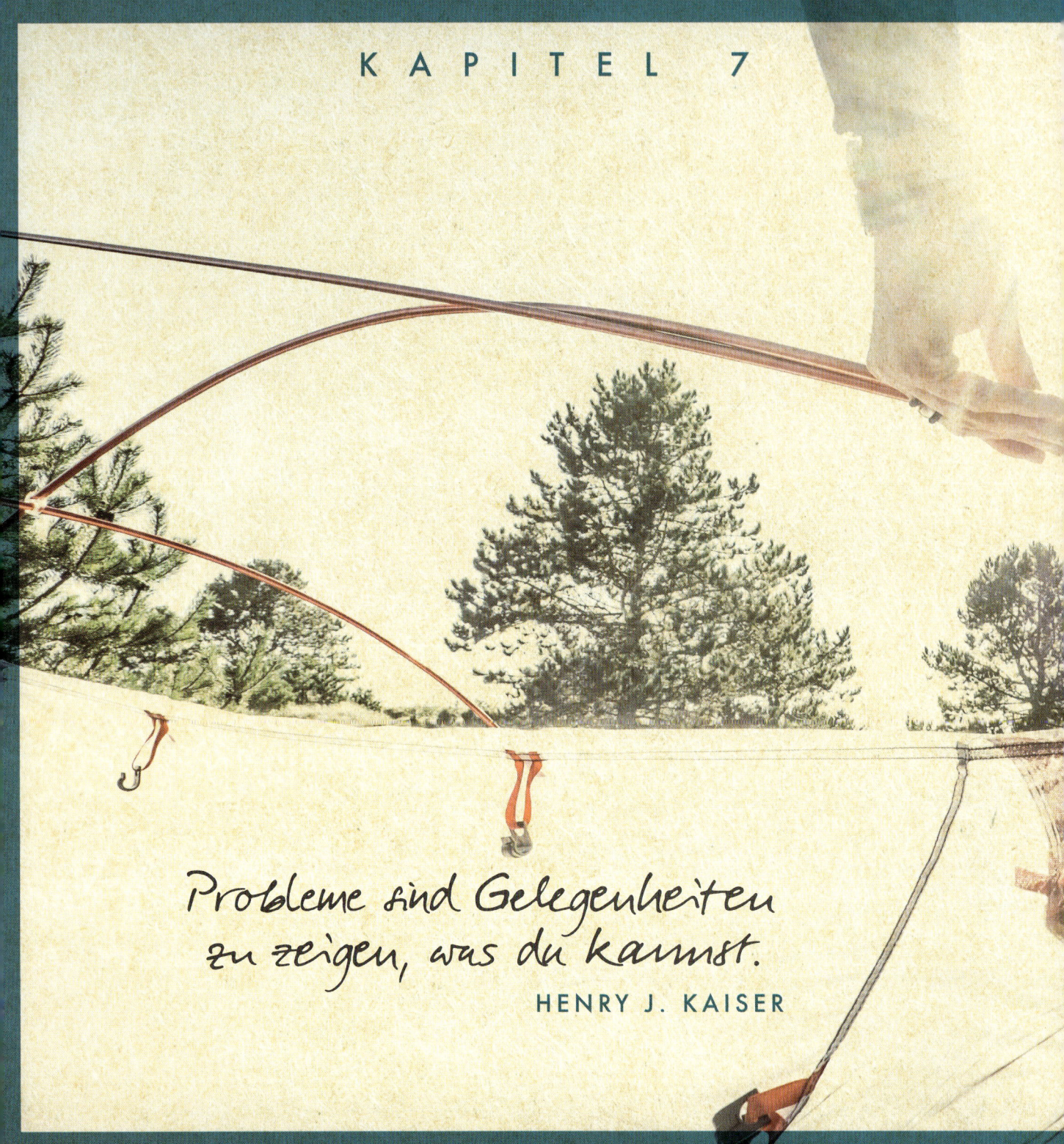

KAPITEL 7

Probleme sind Gelegenheiten zu zeigen, was du kannst.

HENRY J. KAISER

»AUF KURS«

KAPITEL 7

Aufstehen und tanzen

 Wenn du überzeugt deinen ganz eigenen Weg gehst, wirst du viel Zuspruch bekommen, aber sicher nicht nur. Du wirst auch Gegenwind spüren. Sieh ihn als Fahrtwind! Der kommt automatisch, wenn du dich in Bewegung setzt. Du kannst damit rechnen:

Einige Menschen werden neidisch sein, weil du so lebst, wie sie es selbst gerne täten – wenn sie nicht so viel Angst hätten.

„Du hast Feinde? Das geht jedem so, der etwas Großes getan oder eine neue Idee entwickelt hat. Das ist die Wolke, die um alles herum donnert, was leuchtet." Der französische Schriftsteller Victor Hugo sprach damit sicher aus eigener Erfahrung. Easy ist das nicht immer.
Voraussetzung dafür, dass du gegen alle Widerstände weitermachst, ist, dass du auch tatsächlich deinem besten Ich folgst, also deine bewussten und unbewussten Motive in Einklang gebracht hast, voll bei dir selbst bist, authentisch handelst und sich das, was du tust, richtig anfühlt. Wenn du dagegen spürst, dass du falschen Zielen folgst, dann werfe sie beherzt über den Haufen.

Was kümmert dich dein Geschwätz von gestern!

Wenn du heute klüger bist, dann halte nicht an deinen alten Entscheidungen fest. Das Leben ist Veränderung. Lerne sie zu lieben. Sonst tanzt du irgendwann zu einem Lied, das längst nicht mehr läuft. Herauszufiltern, ob du noch konsequent bist oder schon auf dem Holzweg, das wird dir nur gelingen, wenn du einen Zugang zu deinem besten Ich findest. Dem Bionade-Gründer Peter Kowalsky ist das gelungen. Sagt er. In dem folgenden Interview bekommst du eine Vorstellung davon, was er unter seinem besten Ich versteht – und was es heißt, geduldig zu sein.

»AUF KURS«

"Du musst aushalten, bis die anderen es kapieren."

PETER KOWALSKY SCHRIEB MIT DEM KULTGETRÄNK *BIONADE* EINE DER UNGLAUBLICHSTEN DEUTSCHEN UNTERNEHMERGESCHICHTEN DER JÜNGEREN VERGANGENHEIT. JETZT BRINGT ER MIT INJU DIE NÄCHSTE UNKONVENTIONELLE IDEE IN POSITION. EIN GESPRÄCH ÜBER GEDULD, HINKELSTEINE UND DIE KRAFT DES AUGENBLICKS.

Peter, der Erfolg von Bionade kam nicht über Nacht. Ihr habt eine gefühlte Ewigkeit Anlauf genommen, ehe ihr abgehoben seid. Woher wusstest du, dass es irgendwann klappt?
Meine Mutter hatte diese kleine Brauerei, mein Bruder arbeitete dort, ich hatte ein Studium zum Brauingenieur abgeschlossen und der Lebenspartner meiner Mutter, Dieter Leipold, selbst Braumeister, hatte die Vision von einer mit Mikroorganismen gebrauten Limonade. Es hatte ja noch nie jemand Limonade gebraut. Nachdem wir zehn Jahre getüftelt hatten, war das Produkt reif für den Markt. Nur war der leider noch nicht reif für Bionade. Unsere Flaschen standen weitere fünf, sechs Jahre nur in Kurzentren und kleinen Bioläden rum. Bis ‚bio' irgendwann plötzlich Trend wurde. Da hatten wir den Riesenvorteil, dass wir schon da waren, dass wir wussten, wie es geht. Ein Surfer muss ja auch schon am richtigen Punkt im Wasser liegen, wenn die Welle ihn mitnehmen soll. Wenn du etwas Neues machst, von dem du überzeugt bist, dann musst du es auch aushalten, bis die anderen es kapieren, bis die Leute kommen. Wenn das Produkt wirklich gut ist, dann weißt du, dass es irgendwann klappen muss. Und wenn das Geld ausgeht, dann musst du Wege suchen, trotzdem weitermachen zu können. Wir haben damals einen Vertriebspartner mit ins Boot geholt und ihm Anteile überschrieben.

Nochmal einige Jahre später ging dieser Vertriebspartner insolvent und Oetker kaufte dessen Anteile für eine stolze Summe. Mit denen kamt ihr aber irgendwann gar nicht mehr klar. Warum nicht?

KAPITEL 7

Für uns war Bionade immer eine Herzensangelegenheit. Ursprünglich war Bionade sogar als reines Kinderprodukt gedacht. Als wir anfingen, gab es nämlich keine Lobby für gesunde Kinderprodukte, das wollten wir ändern. Oetker ist ein Riesenunternehmen, für die ging es nur um Zahlen. Wir haben Oetker dann eine etwas schräge, aber auch extrem innovative Idee offeriert: Wir wollten ihnen ihren Anteil wieder abkaufen, indem wir Bionade zu einer Genossenschaft machen. Wir wollten Bionade den Kunden geben, damit sie die Marke in einer Art virtueller Community selbst mitgestalten können. Durch ihre finanziellen Einlagen sollten die Oetker-Anteile nach und nach abgelöst werden. Wir selbst hatten ja nicht das Geld, Bionade wieder komplett zurückzuholen. Ich halte diese Idee noch heute für großartig. Aber Oetker sagte nur: ‚Jetzt schlagen wir euch mal was vor. Ihr verzieht euch.' Tja, und da haben wir die Macht des Geldes kennengelernt. So ging Bionade komplett an Oetker und wir widmeten uns neuen Projekten.

Du hast dann als sogenannter Sustainable Business Angel nachhaltig ausgerichtete Start-ups unterstützt. Was hat denen am meisten gefehlt?
Wenn du eine soziale oder ökologisch motivierte Idee hast, ist das Letzte, woran du denkst, das Geldverdienen. Dann brauchst du einen Counterpart, der für das Wirtschaftliche verantwortlich ist. Sonst wird es nicht funktionieren. Auch sozial muss skalierbar sein. Mir hat mal einer gesagt: Wenn du richtig erfolgreich sein willst, dann brauchst du einen Asterix, einen Obelix und einen Miraculix. Ein Team, in dem jeder bestimmte Aufgaben übernimmt und vor allem das macht, was er kann. Miraculix würde nie auf die Idee kommen, Hinkelsteine zu schleppen. Das ist Obelix' Job. Und ich habe festgestellt, dass es den meisten an Mut mangelt. Dass das Umfeld ganz oft die Idee zerstört. ‚Du hast doch eh nicht genug Geld und und und', das ist tödlich für Ideen. Was die Leute brauchen, ist Zuspruch.

» AUF KURS «

Mittlerweile hast du wieder ein eigenes Baby: die Marke Inju. Ihr produziert und vertreibt kleine Fläschchen mit Ur-Extrakten aus dem Dschungel, die einen besseren Energiefluss ermöglichen sollen. Ist das jetzt dein bestes Ich?

Ich kann sehr gut innovative Produkte an den Start bringen. Ich habe auch ein gutes Gefühl dafür, wie ich Leuten kommen muss, damit ich in ihre Köpfe gelange. Wir hatten neben der Brauerei 19 Jahre lang eine Diskothek. Da lernst du so etwas. Ich weiß auch, dass ich mehr Energie habe, als mir genommen werden kann. Aber mein bestes Ich liegt für mich noch einmal auf einer anderen Ebene. Das hat für mich viel mit Selbstkenntnis und Selbstbewusstsein im wahrsten Wortsinn zu tun. Ich glaube, dass ich hier jetzt gerade mein bestes Ich bin. Denn es geht mir nicht darum, das Maximale herauszuholen, sondern im Moment mein Bestes zu geben. Mich einzulassen auf das, was jetzt ist. Auf die Personen und die Umstände. Ich bin hier und jetzt voll da. Ich kann mich im Kontext sehen. Ich kann sehen, wie ich hier in diesem Raum wirke. Ich habe festgestellt, dass viele Leute das nicht können. Sie würdigen den Moment nicht mehr, weil er eigentlich schon wieder eine verpasste Chance ist.

KAPITEL 7

Alarmsignale

* Erinnerung, die Achtzehnte: Das Beste aus dir rauszuholen, bedeutet nicht, dich bis zum Äußersten auszubeuten. Wenn du vier der Aussagen auf der rechten Seite für dich bejahen kannst, dann läufst du bereits Gefahr, einen gesundheitlichen Schiffbruch zu erleiden – und deine Energie bei allem Einsatz systematisch zu ersticken anstatt sie deinem besten Ich zur Verfügung zu stellen. Nimm dir kurz die Zeit und setze deine Kreuzchen. Jetzt. Sei dabei – wie immer – ehrlich zu dir selbst.

Die zehn Aussagen beschreiben Symptome des Burn-outs. Selbst wenn dir nur einige davon bekannt vorkommen, kann es sehr hilfreich sein, deine Situation mit einem erfahrenen Therapeuten zu besprechen (weitere Infos und Kontakte findest du zum Beispiel unter *therapie.de*). Gemeinsam mit ihm wirst du herausfinden, was dir Energie entzieht, was du loslassen solltest und wie du deinen Alltag so gestalten kannst, dass du wieder zu Kräften kommst. Im Prinzip liefert dir dieses Buch genau dafür bereits hervorragende Hilfestellungen.

Es ist aber keine Niederlage, dir selbst einzugestehen, dass du dich in Begleitung eines Coaches oder eben eines Therapeuten besser fühlst.

Im Gegenteil: Das zu erkennen, ist oft der erste Schritt auf dem Weg zum besten Ich.

Du bist jetzt, am Ende dieses Buches, anders drauf als noch vor 200 Seiten. Du hast neue Perspektiven gewonnen. Mach was aus ihnen! Bleib dran an deinen Themen.

» AUF KURS «

Loderst du noch oder erlischt dein Feuer gerade?

- ○ ICH FÜHLE MICH OFT LEER.
- ○ ICH UNTERNEHME WENIGER.
- ○ ICH KANN MICH SCHWER KONZENTRIEREN.
- ○ ICH SCHLAFE SCHLECHT.
- ○ ICH BIN HÄUFIGER KRANK.
- ○ ICH BIN OFT MÜDE.
- ○ WAS ICH TUE, WIRD NICHT WERTGESCHÄTZT.
- ○ ICH BIN ÄNGSTLICHER.
- ○ ICH BIN OFT GEREIZT.

DAS SECHSTE

- Ich definiere meinen Erfolg selbst. ✓
- Ich beurteile, ob ich auf dem richtigen Weg bin. ✓
- Ich schaue auf die Folgen meines Handelns. ✓
- Ich suche schnell Lösungen. ✓
- Bei Schwierigkeiten bin ich voll da. ✓
- Ich korrigiere meine Ziele, wenn sie überholt sind. ✓
- Ich bin ehrlich zu mir selbst. ✓
- Ich passe auf mich auf. ✓

- Epilog
- Danke
- Literatur
- Register
- Über den Autor
- Notizen

Epilog

Respekt, du willst es wirklich wissen. Wenn du hier angekommen bist, dann hast du jede Menge über dich gelernt. Du weißt jetzt: Da steckt viel mehr in dir, als du bislang gezeigt hast. Du hast viel Energie investiert. Aber du hast sie klug investiert, denn du wirst sie doppelt und dreifach zurückbekommen. Du nimmst einen Haufen Impulse mit. Vielleicht so viel, dass du sie erst einmal sortieren musst. Tue das, indem du beginnst zu machen. Du hast alle Voraussetzungen, um endlich den entscheidenden Schritt nach vorne zu gehen.

Du brauchst nicht mehr zu warten. Time is now.

An viele Details dieses Buches wirst du dich erst wieder erinnern, wenn du sie nachschlägst. Aber den Titel dieses Buches wirst du nicht mehr aus dem Kopf kriegen. Das ist keine Drohung, sondern ein Versprechen. DEIN BESTES ICH. Denke daran: Dein bestes Ich ist nicht dein perfektes Ich. Dein bestes Ich macht das, was es kann, dort, wo es ist, mit dem, was es hat. DEIN BESTES ICH, diese Worte werden dich immer und überall dazu inspirieren, das Beste zu geben. Dein Bestes. Sie werden keinen Druck aufbauen, sondern Druck nehmen. Sie werden dich entlasten und dir Schub geben.

Umarme das Leben. Egal, was es gerade für dich bereithält.

Geh raus und hau dich rein. Wirke und mach einen Unterschied. Dieses Buch will dich genau dazu inspirieren. Es ist weder Start-up-Manual noch Führungskräfte-Leitfaden. Dein bestes Ich ist eine Haltung. Du bist jetzt bereit für ein richtig kraftvolles Leben. Gestalte es dir so, wie du es für richtig hältst. Wähle die Werkzeuge und die Supporter, die du für geeignet hältst. Go!

»AGENDA«

Du hast in diesem Buch bereits viel Gelegenheit gehabt, Dinge aufzuschreiben. Ab Seite 240 findest du noch einmal Raum für deine ganz persönlichen Notizen, Anmerkungen und Erinnerungen. Sollte dir dieser Raum nicht ausreichen, lege dir dein eigenes „Dein bestes Ich"-Notizbuch zu. Ein schönes Blanko-Notizbuch findest du in jedem guten Papierwarengeschäft (oder natürlich online).

Solltest du den Eindruck haben, trotz der Vielzahl an Inspirationen weitere Unterstützung auf dem Weg zu deinem besten Ich zu benötigen, zeugt es von Stärke (nicht von Schwäche!), dir diese Unterstützung zu holen. Auf der Website *deinbestesich.com* findest du nicht nur ständig Ideen und Wissenswertes zu Inspiration und Persönlichkeitsentwicklung, sondern auch Informationen zu Coaching und Beratung.

Und wenn du den Impuls verspürst, mich persönlich zu kontaktieren, dann mach das – am besten per E-Mail unter *christo@deinbestesich.com*. Ich bin immer neugierig auf Feedback, Erfahrungsberichte und inspirierende Geschichten. Wer weiß, was daraus entsteht.

==Das Leben überrascht uns immer wieder.==
==Dein bestes Ich wird es auch tun.==

Wie sagte Clint Eastwood als in die Jahre gekommener Detektiv Nick Pulovski in dem Film *The Rookie* so treffend: „Mister Ackerman, wenn Sie eine Garantie wollen, dann kaufen Sie sich einen Toaster." So sieht es aus. Enjoy!

DANKE

Danke!

Ich mache gern mein eigenes Ding. Und doch bin ich in dem, was ich tue, natürlich auch viel von den Menschen, die um mich herum waren und sind. Auch dein Vertrauen wirkt sich auf mein Verhalten aus. Deshalb möchte ich mich zuallererst bei dir bedanken!

Dieses Buch ist ein Herzensprojekt. Es gibt so viele, die Anteil daran haben, dass ich es verwirklichen konnte. Ihnen allen bin ich ebenfalls unendlich dankbar.

Mein ganz besonderer Dank geht an:

Meine wunderbare Frau Anja für ihre bedingungslose Liebe und Unterstützung und meine fantastischen Kinder Siri und Luke, die es erst ermöglichen, dass ich mein bestes Ich leben kann.

Meine Eltern Heidemarie und Michael für all ihre Entbehrungen, die eine Zeit mit fünf Kindern mit sich bringt, für das Machenlassen und dafür, dass mein Weg immer offen sein durfte.

Meine Mutter Heidemarie ganz besonders dafür, dass sie mich mit ihrer wunderbar unkomplizierten Art immer gelehrt hat, die Menschen zu lieben und Dinge möglich zu machen.

Meine Geschwister Hanna, Henoch, Charlotte und Björn – einfach dafür, dass sie da sind, und für all die Momente, die wir gemeinsam erlebt haben und auch heute noch erleben.

»AGENDA«

Ingrid und Roland für ihr grenzenloses Vertrauen und ihren erwartungsfreien Support.

Claudia Dainat, die mit unglaublicher Leidenschaft dafür gesorgt hat, dass dieses Buch einzigartig aussieht, sowie Torsten Kollmer, meiner Schwester Hanna und Benedikt Auer für die intensiven Fotos.

Ute Flockenhaus, Sandra Krebs, Ursula Rosengart und dem ganzen Team vom *GABAL Verlag* für die professionelle Betreuung.

Alle, die in diesem Buch von ihrem besten Ich erzählen: Reinhold Messner, Jeremy Moon, Vivien Vogt, Bear Grylls, Alan Watts, Conrad Anker, Jürgen Klopp und Peter Kowalsky.

Meine treuen Wegbegleiter und Unterstützer Arne Müller, Tony Rockoff, Christian Fücks, Simon Schneider, Kai Hattermann, Daniel Cramer, Klas Neidhardt, Artjom Distel, Claudia Lorenz, Andreas Leicht, Garip Yavuz, Thomas Hayn, Frank Freytag, Randi Müller, Arndt Ziegler, Clemens Janssen, Malik Arrendell, Valentin Marcu und Miszek Damer.

Danke! Ihr seid Wahnsinn.

Außerdem ein herzliches Danke an die jungen, innovativ-nachhaltigen Bekleidungsmarken Ken Panda (kenpanda.com), Recolution (recolution.de) und Bleed (bleed-clothing.com) sowie an Wrangler (wrangler.de), die das Fotoshooting für dieses Buch unterstützt haben.

Literatur

Henry Stanley Haskins: **Meditations in Wall Street.** William Morrow & Co. 1940
Jim Rohn: **The treasury of quotes.** Jim Rohn International 2006
Christo Foerster: **Neo Nature.** GABAL 2015
Rabindranath Tagore: **The king oft the dark chamber.** Stage door 2013
Charles Darwin: **The Variation of Animals and Plants under Domestication.** John Murray 1868
Aristoteles: **Aristoteles' Physik.** Achtes Buch. Meiner 1987
Alastair Humphreys: **Microadventures.** Harper Collins 2014
Wilhelm Busch: **Unbeliebtes Wunder.** In: Gesammelte Werke, Band 4. Diogenes 2007
Wolf Lotter: **Nüchtern betrachtet.** In: Brand eins, Ausgabe 09/2015. Brand eins Verlag 2015
Paulo Coelho: **Auf dem Jakobsweg.** Diogenes 2007
Wikipedia: **German Angst.** Stand: 08.12.2015. de.wikipedia.org/wiki/German_Angst
Jutta Heckhausen et al.: **Motivation und Handeln.** Springer Verlag 2010
Chuck Palahniuk: **Fight Club.** Goldmann 2004
Place: **Dr. Charles Raison on happiness.** Stand: 28.04.2008. youtube.com/watch?v=0orvsH07zeg
Christopher Morley: **Where the blue begins.** Dodo Press 2007
George Bernard Shaw: **Maxims for revolutionists.** In: Man and Superman. Chelsea House 1987
Oscar Wilde: **Das Bildnis des Dorian Gray.** Anaconda 2012
Eleanor Roosevelt: **You Learn by Living.** Eleven Keys for a More Fulfilling Life. Harper Perennial 2011
Francois de la Rouchefoucauld: **Les Maximes – Suivies des Réflexions diverses.** E. Flammarion 1912
Kenneth Rubin: **On solitude.** In R. Coplan & J. C. Bowker: A handbook of solitude. Wiley 2014
Henry David Thoreau: **Walden oder Leben in den Wäldern.** Anaconda 2009
Bettina von Arnim: **Goethes Briefwechsel mit einem Kinde.** Deutscher Taschenbuch Verlag 2008
Abraham Maslow: **Motivation und Persönlichkeit.** Rowohlt Taschenbuch 1981
Francis Chan: **Crazy love.** David C. Cook 2013
Napoleon Hill: **The Law of Success in Sixteen Lessons.** Wilder Publications 2011

» AGENDA «

Alan Watts: **What if money was no object?** In: Do You Do It, or Does It Do You? (zum Download erhältlich unter alanwattscenter.org) Stand: 30.08.2013 *youtube.com/watch?v=khOaAHK7efc*

Thomas Aquinas: **Summa Theologica.** Benzinger Brothers Printers to the Holy Apostolic See 1485

Hermann Hesse: **Demian – Die Geschichte von Emil Sinclairs Jugend.** Suhrkamp 1974

David McClelland: **The achieving society.** Van Nostrand 1961

Friedrich Nietzsche: **Menschliches, Allzumenschliches.** Anaconda 2006

John Steinbeck: **Jenseits von Eden.** Deutscher Taschenbuchverlag 1987

Virginia Satir: **Sei direkt: Der Weg zu freien Entscheidungen.** Junfermann 1994

Heinz Heckhausen, Peter M. Gollwitzer: **Thought Contents and Cognitive Functioning in Motivational versus Volitional States of Mind.** In: Motivation and Emotion. 11, Nr. 2, 1987

James Samuel Knox: **Salesmanship and Business Efficiency.** Superior printing Company 1917

Friedemann Schulz von Thun: **Miteinander reden 3.** Rowohlt 1998

Steven Pinker: **Wie das Denken im Kopf entsteht.** Fischer Taschenbuch 2011

Altmann, Erik et al.: **Momentary interruptions can derail the train of thought.** In: Journal of Experimental Psychology: General, Vol 143(1), 2014

Gabriele Oettingen: **Die Psychologie des Gelingens.** Pattloch Verlag 2015

Johnny Nash: **I can see clearly now.** Epic 1972

Mihály Csíkszentmihályi: **Das Flow-Erlebnis.** Klett-Cotta 2000

International Sport: **Jurgen Klopp in first interview of Liverpool FC.** Stand: 10.10.2015 *youtube.com/watch?v=U5gB4l8plJc*

H. Jackson Brown Jr.: **Life's Little Instruction Book.** Nelsonword 2012

Lorne A. Adrain: **The Most Important Thing I Know – Life Lessons.** Cader Books 1997

Richard John Walsh: **Albert-Schweitzer-Interview.** In: United Nations World magazine, Volume 6, 1952

Gay MacLaren: **Morally We Roll Along.** Kapitel: I Meet Mark Twain. Little, Brown and Company 1938

Robert G. Ingersoll: **Some Reasons Why I Am a Freethinker.** American Atheist Press 1993

Julia Vitullo-Martin, J. Robert Moskin: **The Executive's Book of Quotations.** Oxford University Press 1994

Victor Hugo: **Villemain (1845).** In: Things seen and essays. Wildside Press 2008

Register

Abenteuer, 22 f.
Alarmsignale, 224 f.
Alleinsein, 68 ff.
Alltag, 118 ff., 152
Angst, 34, 83, 97 f., 111, 220
Anpassungsprinzip, 20, 188
Aufschreiben, 40
Ausdauer, 189
Auszeit, 70 f., 176 f.
Ausnahmesituationen, 104 ff.
Bedürfnispyramide, 178 f.
Bindungsmotiv, 100 f.
Brainstorming, 36 f.
Burn-out, 224 f.
Coaching, 40 f., 145, 224, 231
Crowdfunding, 179
Digital Detox, 172 f.
Disziplin, 97, 100, 206
Druck, 26, 113, 198, 230
Dynamische Psychologie, 66
Egoismus, 48 ff.
Erfolgsorientierung, 34
Ergebnisziele, 90 ff. 137 ff.
Ernährung, 192 f.

Evolution, 20 f., 49
Explizite Motive, 96 ff.
Fitness, 20, 123, 186 ff.
Flow-Erleben, 180 f.
Geld verdienen, 17, 79, 93, 202 f.
Glück, 50, 52
Gründen, 179
Handlungsziele, 137 ff., 150
Herausforderung, 105, 111 ff., 180 f.
Implizite Motive, 96 ff.
Inspiration, 198 f., 206 f.
Intuition und Instinkte, 50, 104
Jobwechsel, 128 f.
Kognitive Verzerrung, 69
Körperhaltung, 159
Komfortzone, 40 f., 85
Kreative Prozesse, 36, 140
Langsames Denken, 84 f.
Lebensbereiche, 122 f.
Leitsterne, 137 ff., 156 f.
Leistungsmotiv, 100 f.
Lichttherapie, 160
Machtmotiv, 100 f.
Manifest, 41

Meditation, 153
Mentales Kontrastieren, 162 ff.
Misserfolgsorientierung, 34
Multitasking, 78, 151
Musik, 159
Muskeltraining, 188 ff.
Mut, 34 f.
Nachhaltigkeit, 138 f., 202 f.
Natur, 20, 68 f.
Perspektivwechsel, 182 ff.
Pragmatismus, 30 f., 48 f., 162 f.
Projektmanagement, 213
Prospect Theory, 84 f.
Psychoanalyse, 96
Reframing, 182 ff.
Rhythmus, 152, 188, 191
Rubikon-Modell, 136
Rückmeldung, 212 f.
Ruheoasen, 70 f.
Sabbatical, 176 f.
Schlaf, 152
Schnelles Denken, 84 f.
Selbstbestimmung, 56 f., 60 f.
Selbstbild, 96, 102, 107 f.

Selbstkontrolle, 144
Selbstregulierung, 144
Selbstwirksamkeitstraining, 168
Selbstzugang, 97, 108, 172
Stimmungsmanagement, 158 ff.
Stresstherapie, 68
Survival of the fittest, 20
Systemtheorie, 60
Tagesablauf, 118 ff.
Technologie, 152 f.
Umfeld, 128 f., 134, 170
Verantwortung, 56 ff.
Verhaltenstendenzen, 100 f.
Vernetzen, 178 f.
Visualisieren, 158
Volition, 134 ff.
Vorsätze, 162 f. 166 f.
Wirksamkeit, 20 ff., 168
Work-Life-Balance, 177
Zielfilm, 158

Über den Autor

Christo Foerster ist Coach, Speaker und Solopreneur. Er studierte an der Deutschen Sporthochschule in Köln, absolvierte eine Ausbildung an der renommierten Berliner Journalistenschule und arbeitete als leitender Redakteur, ehe er 2012 kündigte und die *Natural Coaching Academy* gründete. Sein Buch *Neo Nature* über das Geheimnis unserer natürlichen Power (erschienen 2015 bei *GABAL*) gilt als Türöffner zu einer neuen Ebene der Persönlichkeitsentwicklung. Mit dem Buch *Dein bestes Ich* und der Website *deinbestesich.com* hat Christo Foerster jetzt eine ganz eigene, faszinierende Welt der Inspiration geschaffen, deren Ziel es ist, „substanzielle und nachhaltige Inhalte so aufzubereiten, dass sie Menschen erreichen, die sich bislang noch gar nicht oder nur oberflächlich mit ihnen beschäftigt haben".

Christo Foerster ist verheiratet, Vater zweier Kinder und lebt mit seiner Familie in Hamburg – zumindest immer dann, wenn er nicht gerade auf Reisen ist.

deinbestesich.com
facebook.com/deinbestesich
instagram.com/deinbestesich

RAUM FÜR NOTIZEN

» AGENDA «

RAUM FÜR NOTIZEN

» AGENDA «

RAUM FÜR NOTIZEN

»AGENDA«

RAUM FÜR NOTIZEN

»AGENDA«

RAUM FÜR NOTIZEN